이익을 내는 사장은
말투가 다르다

BUKA GA KICHINTO UGOKU LEADER NO TSUTAEKATA
@ YUKIHIRO YOSHIDA 2015
Originally published in Japan in 2015 by ASUKA PUBLISHING INC., TOKYO,
Korean translation rights arranged with ASUKA PUBLISHING INC., TOKYO,
through TOHAN CORPORATION, TOKYO, and EntersKorea Co., Ltd., SEOUL.

사업 성패의 80%는 사장의 말투에 달려 있다

이익을 내는 사장은 말투가 다르다

요시다 유키히로 지음 | 김정환 옮김

센시오

사업 성패의 80%는 '사장의 말투'가 결정한다

어떤 회사든 세상의 모든 회사는 둘 중 하나다. 이익을 내는 회사, 이익을 내지 못하는 회사. 이익을 내기 위해 모두가 열심히 일할 텐데, 대체 두 회사는 어떤 차이가 있는 걸까? 나는 가장 핵심적인 차이점 하나를 짚어낼 수 있다. 수많은 차이를 유발시키는 가장 근원적인 요인이자, 수많은 차이를 단칼에 좁혀주는 가장 확실한 돌파구. 그건 바로 '사장의 말투'다. 나는 '사장의 말투'에 관해서라면 누구보다 많은 경험치를 가지고 있다. 회사를 운영하고 있다는 누군가의 말투를 몇 마디 듣고 나면 나는 그의 회사가 어떤 회사인지까지는 맞히지 못해도 그의 회사가 이익을 내고 있는지, 정체되어 있는지만큼은 분명 80%는 맞힌다.

"아무리 설명을 해도 이해를 하지 못합니다."
"의견이 저와 도무지 일치되지 않습니다."
"제가 지시한 것과는 전혀 다른 행동을 합니다."
"빨리 처리해 달라고 말했는데 아무리 시간이 지나도 할 생각을 안 합니다."
"분명히 이야기를 해 줘도 똑같은 질문을 수없이 합니다."

예외가 없다. 이런 말을 하는 사장이라면 분명 정체된 회사를 운영하고 있다. 하지만 늦게라도 자신의 문제 상황을 인식하고 이렇게 타인과 공유하기 시작했다면, 한편으론 이제 곧 성장하는 회사로 바뀔 준비가 되었다고 봐도 된다.

실제로 내 강연에 참석한 사장들이 내게 이런 고민을 토로한다. 물론 그들이 털어놓는 고민은 정말 다양하다. 그 많은 고민들 가운데 단연 최고의 빈도를 자랑하는 고민이 있다. 한마디로 말하면 '내 말이 직원들에게 제대로 전달되지 않는다'는 것이다.

사실 나도 과거에 똑같은 고민을 했다. 본부장으로 일하며 다섯 명의 직원을 이끌었던 적이 있다. 책임지고 처리해야 할 업무의 양은 실로 엄청났고 밤낮없이 오로지 업무에만 몰두했다.

내가 하는 모든 생각과 말은 오직 업무에 관한 것들이었다. 그래서 직원들에게 지시를 내릴 때 별다른 고민이 필요하지 않았다. 직원들에게 말할 때 특별히 고민하지 않고 그냥 나오는 대로 말했다. 특별한 계획성 없이 그때그때 즉흥적으로, 또 독선적으로 지시했다. 당시 내가 했던 말들을 떠올려 보면 직원들이 내 지시를 이해하기가 매우 어려웠을 것 같다. 실제로 내 지시를 직원들이 제대로 이해하지 못하는 일이 종종 있었는데, 당시에 나는 그 모든 것이 직원들 탓이라 생각했다.

"좋은 아침입니다. 부탁할 게 몇 가지 있어요. 먼저 A사의 견적을 내일까지 만들어 주세요. B사에 보낼 광고지도 만들어 주셔야 합니다. 이전에 만들었던 것에서 일정과 관련된 항목들만 수정하면 되니까 금방 끝날 겁니다. 그리고 이사회가 있으니까 학교별 매출 실적표도 만들어야 합니다. 가급적 빨리 만들어 줬으면 합니다."

지난 일이지만 정말 부끄럽다. '가급적 빨리' 같은 식으로 말을 하면 기한이 모호해진다. 모호하게 말했음에도 불구하고, 직원이 일을 그날 오후까지 끝내 놓지 않으면 "가급적 빨리 부탁한다고 말하지 않았습니까!"라며 질책했다. 그리고 한 번 말한 내용을 직원이 제대로 이해하지 못하면 "일할 때 좀 생각을 하면서 일하면 좋겠습니다"라고 말했다. 내가 지시한 내용을 부하 직원이 이해하지 못하는 건 오로지 그의 능력이 부족한 탓이라고 생각했던 것이다.

상황이 이러니 당연히 업무가 제대로 진행될 리가 없었다. 내가 말한 대로 움직이지 않는 직원에게는 화내며 고함치기 일쑤였고, 똑같은 질문을 재차 던지는 직원에게는 "제발 똑같은 질문 좀 그만하세요!"라고 짜증을 냈다. 가만히 있다가 갑자기 화를 내는 사람을 '순간 온수기'라고 부르는데, 항상 화가 나 있었던 나는 '만년 온수기'였다. 그렇게 언제부터인지 부하 직원들이 나를 멀리했다.

우리 사업부 내부 미팅이 잡히면 나는 목표를 달성하라는 말을 목청 높여 외쳤다. 그렇게 연설이 끝나면 직원들은 누구 하나 입을 열지 않았다. 그러면 또 나는 "왜 목표를 달성하지 못하는 겁니까! 생각이라는 걸 하면서 일하고 있기는 한 겁니까!"라고 직원들을 몰아붙이며 못마땅해했다. 회의가 120분이나 진행되어도 말을 하는 사람은 거의 항상 나 혼자뿐이었다.

내 팀의 성적 또한 사내 최하위였다. 회사를 떠나는 부하 직원들도 생겼다. 나는 초조해졌다. 다음 달부터는 더욱 분발하겠다고 다짐했다. 그러던 어느 날, 상사가 할 말이 있다며 나를 불렀다.

상사 "미안하지만, 다음 달부터는 영업사원으로 자리를 옮겨 주게."

나 "네? 저도 직원들도 최선을 다하고 있습니다. 조금만 더 시간을 주십시오."

상사 "최선을 다하고 있다는 건 잘 아네. 하지만 자네 본부의 직원들이 찾아와서 하소연을 하더군."

나 "…."

상사 "도저히 자네 밑에서 일할 수가 없다고들 하네."

나 "제 딴에는 잘 지시해 왔다고 생각했습니다만…."

상사 "자네의 지시는 너무 일방통행이네. 방향성이 잘못됐어."

그렇게 관리직에서 다시 사원으로 강등되고 말았다. 연봉도 크게 삭감됐다. 그러나 여기에서 끝이 아니었다. 영업사원으로 돌아간 곳에서도 좀처럼 실적을 내지 못해 다시 강등되었고 부서도 이동해야 했다.

그런데 이 일은 전화위복이 되었다. 이동한 부서에서 사원으로 일하며 모시게 된 상사는 업무지시를 하는 솜씨가 굉장히 훌륭한 사람이었다. 그와 함께 일하면서 비로소 나는 내 커뮤니케이션 방식이 크게 잘못되어 있음을 깨달았다. 깊이 반성하며 그 상사를 모범으로 삼아 커뮤니케이션에 대해 심도 있게 공부했으며, 수많은 책을 읽고 외부의 세미나에도 열심히 참가하면서 직원들에게 제대로 말하는 방법에 대해 연구했다.

그렇게 공부해 나가면서 내가 직원들에게 했던 말에 어떤 큰 문제가 있었는지 그 핵심을 깨닫게 되었다. 바로 내 '말투'가 문제의 핵심이었다. 직원에게 제대로 말하는 방법의 핵심은 '말투의 기술'이었다.

그때까지 나는 영업을 하기 위해 고객사를 방문해서 내가 하고자 하는 말을 잘 늘어놓기 위해 필사적으로 애썼다. 회사에 대해 설명하고 상품에 관한 이야기를 일방적으로 늘어놓았고, 그 말은 장황하게 이어졌다. 때로는 상대방이 대화 도중에 하품을 하는 경우도 있었다. 일방적으로 말하기만 했으니 대화가 있었다고 보기도 어렵다. 그러니 이야기를 열심히 늘어놓아도 핵심적인 부분이 제대로 전달되지 못한 탓에 불만이 접수되는 일도 많았다.

하지만 직원들에게 제대로 말하는 방법에 대해 공부하고 말투를 고치자, 고객과의 커뮤니케이션이 완전히 달라졌다. 신규 고객이 늘어나기 시작했고, 기존의 고객들은 내가 부탁을 한 것도 아닌데 다른 고객을 소개해 주기 시작했다. 덕분에 내 영업 실적은 5개월 연속 1위를 달성했고 다시 관리직으로 승진했다. 그 뒤에도 내 사업부를 실적 1위로 끌어올려 MVP까지 획득했다. 무엇보다 직원들 모두가 내 뜻대로 움직였고 나와 직원들 모두의 업무 소통으로 인한 스트레스는 제로에 가까웠다.

이렇게 사업부가 계속해서 좋은 성적을 내자 다른 본부장들이 팀 매니지먼트에 관한 상담을 요청해 왔다. 처음에는 내 일을 하며 짬을 내 틈틈이 상담을 해 주었는데, 그 사실을 안 인사부장이 영업사원과 관리직을 교육하는 '트레이너'를 겸임할 것을 제안했다. 내 교육은 만족도가 굉장히 높았고 실제적인 효과도 바로바로 나타났기 때문에 회사에서의 내 입지와 역할이 완전히 달라졌다. 강연과 컨설팅 요청이 끊임없이 이어지면서 수많은 경험적 데이터가 쌓였다. 이후, 나는 독립했고 현재는 경영자 및 관리자를 위한 연수, 강연, 컨설팅에 주력하며, 말투 개선, 영업력 향상, 칭찬법과 질책하는 법, 지시하는 법 등을 컨설팅하고 있다.

사실 여러분은 핵심을 이미 알고 있다. 직원들에게 지시할 때 '이해하기 쉽고 정확하게' 말하면 사장과 직원의 관계가 크게 개선되고 스트레스는 확실히 낮아진다. 직원이 무엇을 어떻게 해 주기를 원하는지에 대한 사장의 생각이 직원에게 정확히 전달되면 회사 전체의 실적도, 개인의 실적도 모두 크게 반등한다. 좋은 일이 꼬리를 물고 이어지는 선순환이 비로소 시작된다. 이를 좌우하는 게 바로 '사장의 말투'다. 사장의 말투를 들으면 그의 회사가 현재 성장하는 회사일지 아닐지를 점쟁이도 아닌 내가 열에 여덟은 정확히 맞추는 사람이 된 것이 바로 이 때문이다. 당신은 지금 어떤 말투를 쓰고 있나? 당신의 말투를 들어 보고 싶다.

현재 나는 내가 공부하고 적용했던 특별한 말투의 노하우를 더 많은 사람에게 널리 알렸으면 하는 생각으로 세미나와 연수 등을 직접 개최하고 진행해 나가고 있다.

이 책에는 직원에게 자신의 생각을 전하는 데 어려움을 겪고 있는 사장이 실전에서 금방 실천해 볼 수 있는 말투의 문법들을 정리해 엮었다. 이 책은 직원과의 커뮤니케이션을 눈에 띄게 개선시켜 주는 말투에 관한 전략집이다. 그리고 어떻게 하면 직원들이 제때 보고하고 상의하게 할 수 있는지 그 요령 또한 설명해 두었다.

이 책을 읽는 사장과 예비 사장 여러분이 '생산적인 사장의 말투를 구사하는 사장'이 되어서, 직원과의 커뮤니케이션 문제로 스트레스를 받지 않고 항상 높은 이익을 거두며 승승장구하는 즐거운 사장 생활을 해 나가기를 나는 진심으로 기원한다.

CONTENTS

5장 │ 골치 썩이는 직원에겐 이런 말투를 권함

6장 │ 사장은 칭찬을 이렇게 해야 한다

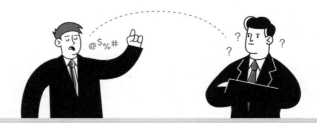

THE TONE OF THE BOSS

WHO MAKES A PROFIT

직원에게 말을 던질 것인가, 전달할것인가

● ● ●　　직원에게 분명히 지시사항을 전달했는데 나중에 알고 보니 직원이 이해를 잘못하고 있었다는 걸 알게 된 경험이 있을 것이다. 가장 최근에는 언제 그런 일이 있었나? 어제 혹은 오늘은 아닌가? 사전을 찾아보면 '전달되다'라는 동사는 지시나 명령 혹은 물건 같은 것이 다른 이에게 전해져 이르게 됨을 뜻한다. 즉 내 말이 전달이 되었다는 건 듣는 이가 내 메시지를 제대로 수신했다는 것이며 이는 말을 던진 것에서 한발 더 나간 상태다. 말을 '던지고' 그것을 '받아들이는' 일이 한 세

트로 일어날 때 비로소 말이 '전달'되며 커뮤니케이션이 성립된다.

캐치볼 게임을 한다고 생각해 보자. 상대가 공을 받을 수 있게 하기 위해서는 기본적으로 상대가 있는 방향을 파악하고 그 방향으로 공을 던져야 한다. 그래야 공이 '전달'된다. 상대가 있는 방향을 생각하지 않고 막무가내로 공을 던져 버린다면 상대는 공을 받을 수가 없다. 어쩌면 나는 냅다 공을 던져만 놓고서 공을 '전달했다'고 생각하고 있는 그런 사장은 아닐까.

사장은 '직원이 이 정도는 알고 있겠지' 하고 생각하며 자신의 말이 '전달되었을 것이라' 단정해 버리는 경향이 있다. 자신의 업무 지식이나 경험만을 생각하고, 직원이 어떤 위치에 서 있는지에 대해서는 아주 대강만 생각해 버리기 때문이다. 직원이 어디쯤에 위치하고 있는지를 제대로 파악하지 못한 채 말을 던지고 있는 셈이다. 사장이 던진 공은 직원의 시선과 전혀 다른 방향으로 날아가 버리고 만다.

내가 다녔던 첫 회사는 여행사였다. 그 회사의 사장은 자신의 손으로 입사시킨 지 며칠 되지도 않았던 내게 "에어의 리저브는 끝났나요? 호텔은 얼리 체크인 가능합니까?"라고 물었다. 나는 사장이 무슨 말을 하는지 이해하지 못했다. 하지만 사장에게 그게 무슨 말인지 묻기가 겁이 나서 일단 이해한 척을 했다. 그런 뒤 마음씨 좋은 선배 직원에게 몰래 물어봤다. 사장의 지시는 나에게 전달될 수 없는 것이었다.

신입사원은 업계의 전문용어나 줄임말을 잘 알지 못한다. 당시에 사장이 나에게 했던 말 중에서 '에어'는 항공기를 의미하는 말이었고 '리저브'는 예약을, '얼리 체크인'은 보통의 경우보다 이른 시각에 체크인을 하는 것을 가리키는 말이었다. 사장과 직원은, 게다가 신입직원은 수준이 다르다. 업무 경험도 스킬도 차이가 크다. 사장이 신입직원에게 자신의 말을 분명히 전달하고 그로부터 대답을 듣고자 한다면 자신에게 익숙한 말투를 사용해서는 목적을 달성할 수가 없다.

사장이라면 자신이 '어떤 말을 던졌는가?'보다는 '그 말을 직원이 어떻게 받아들였는가?'를 더 중요하게 여겨야 한다. 직원에게 자신의 말이 '전달되기'를 원한다면 상대의 반응을 예측하고 주의를 기울여야 한다. 직원에게 말을 할 때 최대한 알기 쉬운 말투를 구사해야 하는 이유도 바로 이것이다.

말을 던지기는 했는데 '어쩌면 내 말이 직원에게 제대로 전달되지는 않았을지도 모르겠다'라는 생각이 들었을 때는 어떻게 해야 할까? 이럴 때는 염려하고 고민하는 데 괜한 시간을 들이지 말자. 그런 생각이 든 즉시, 직원이 내 말을 어떻게 이해했는지 그 내용을 물어 확인하자. 그런 뒤에는 용어와 표현을 교정해 말투를 다듬고 이번엔 내가 전하고자 하는 말이 온전히 전달되도록 다시 한번 말을 하면 될 일이다.

내가 만났던 사장 중
최악의 말투는?

• • •　사장이기 이전에 우리는 누군가의 직원이었다. 그런데 사장이 되고 나면 과거에는 자신도 사장의 말을 제대로 알아듣기 위해 애를 쓰던 직원의 위치에 있었다는 사실을 잊어버리고 만다. 뿐만 아니라 자신에게도 부끄럽고 미숙한 시절이 있었다는 사실 또한 함께 잊어버린다.

　사장은 직원이 이해하기 쉽게 말을 잘했다고 생각하는데 직원 입장에서는 사장의 말을 제대로 이해하지 못하는 일이 종종 벌어진다. 그럴 때 사장은 이렇게 생각하기 십상이다. '이 직원은 대체 왜 내 말을 이해하지 못하는 거지?' 하지만 이런 생각 습관을 버리지 못하면 사장은 절대로 자신의 말을 직원에게 성공적으로 전달할 수 없다.

사장인 당신의 말이 직원에게 제대로 전달되기를 정말 원하는가? 그렇다면 당신이 꼭 준비해야 할 것은 바로 단 한 가지다. 직원의 입장에서 생각하는 자세. 사장의 말이 좀처럼 이해되지 않았던 직원의 처지로 되돌아가 보는 것이다.

과거에 자신을 고용했던 사장이 어떤 식으로 말을 할 때 이해하기가 어려웠는지를 생각해 보자. 특히 자신이 신입사원이던 시절을 떠올려 보며 그때 그 사장의 말투를 상기하고 그의 말을 어떤 면 때문에 이해할 수 없었는지 그 이유를 종이에 적어 보자. 그런 뒤에는 신입사원을 벗어난 이후로 만나 보았던 다른 사장들이나 상사들을 떠올리며 그들의 난감했던 말투나 지시 방식을 목록으로 쭉 작성해 보자.

우리가 직원이었을 때 난감하게 느꼈던 말투나 지시 방식은 현재 우리의 직원들에게도 난감하게 느껴질 가능성이 높다. 그러므로 자신의 경험을 가급적 생생하게 떠올려 보고 난감했던 사항들을 구체적인 목록으로 만들어 두면 효과적인 사장의 말투를 습득하는 데 아주 든든한 기본 자산이 될 것이다.

예를 들어, 과거를 회상하며 다음과 같은 목록을 작성하게 되었다고 해 보자.

① 한꺼번에 너무 많은 지시를 받았다. 그래서 무엇부터 진행해야 하는지 알 수가 없어 혼란스러웠다.

② 분위기 자체에서 위압감이 느껴졌고 질문하기가 부담스러웠다. 비슷한 질문을 반복하면 "예전에도 말해 줬잖아!"라고 사장이 화를 냈기 때문에 질문을 입 밖으로 꺼내지 못한 채 모호하게 이해한 상태로 업무를 진행했다. 그 결과 나는 사장의 생각과는 다르게 일을 진행했고 사장은 화를 냈다.

③ 사장의 말이 추상적인 내용이어서 두세 가지로 해석이 가능했다. 그중 어떤 의미로 말한 것인지 알기 어려웠다.

과거 경험을 회상하며 이렇게 몇 가지를 적었다면 이제 사장의 자리에 앉아 있는 사람으로서 이 내용을 다음과 같이 다듬어 보자. 그리고 앞으로 말을 할 때마다 이 내용을 신경 써 보자.

① 내용을 압축해서 요점만 말하고 무엇부터 행동해야 할지를 명확하게 말하자.

② 질문을 받았다면 우선 표정을 주의하자. 그리고 대답을 잘해 주기 위해 노력을 들이자.

③ 직원이 나의 말을 잘못 해석하고 있는 건 아닌지 항상 주의를 기울이고, 말을 할 때는 항상 구체적으로 말하자.

사장의 말투
1원칙

• • •　　어떤 생각이 갑자기 뇌리를 스치는 순간이 있다. 그 순간을 놓칠 수는 없다! 하지만 그렇게 순간적으로 머릿속에 떠오른 생각을 직원에게 그대로 말해 버리면 안 된다.

　사장은 바쁘다. 자신의 업무를 처리하면서 직원도 살펴야 한다. 그렇게 일이 바빠지면 사장은 머릿속에 의식적으로, 무의식적으로 떠오르는 생각들을 그대로 직원에게 말해 버리기 쉽다. 그 습관을 유지해 왔다면 아마도 지금 당신은 '항상 이해하기 어려운 말을 하는 사장'이 되어 있을 가능성이 크다.

부끄럽지만 과거에는 나도 그랬다. 머릿속에 떠오르는 것을 그대로 직원들에게 지시했다. 직원들은 내 말의 의도와 그 내용을 제대로 이해하지 못했다. 내 지시 내용은 즉흥적이었고 그런 이유로 수정 지시 또한 수시로 이루어졌다. 나중에 알았지만 당시의 직원들은 자기들끼리 있을 때 나를 '옵션 사장'이라고 불렀다. 마치 기본 여행 상품에 옵션으로 추가 상품을 더하는 것처럼 지시를 계속 추가해 나간다는 이유에서였다.

예를 들어 어떤 신상품에 대한 DM 발송 업무를 앞두고 있다면 그때의 나는 직원들에게 다음과 같이 지시를 했다.

[7월 6일 13시]

나 "A 도시의 패스트푸드점을 전부 조사해서 목록을 작성해 주세요."

직원 "네."

[7월 6일 17시]

나 "아, 깜빡하고 말을 안 했네요. B 도시의 패스트푸드점 목록도 작성해 주세요."

직원 "네, 알겠습니다."

[7월 8일 10시]

나 "(완성된 목록을 보고) 아직 적은데…. 아, 패밀리 레스토랑하고 술집도 추가해 주세요."

직원 "알겠습니다."

나　"(완성된 목록을 보고) 너무 많군…. 예산이 안 되겠어. A 도시의

　　　○○구, □□구는 빼 주세요."

직원　'거참….'

[7월 10일 9시]

나　"(완성된 목록을 보고) 음…. 이번에는 수를 너무 줄였네요."

　이렇게 비효율적으로 지시를 했던 것이다. 이런 식이라면 직원도 지칠 수밖에 없다. 무엇보다도 목록 작성이라는 일차적인 업무에 소요되는 시간이 상당해지고야 만다.

　당시에 내가 말을 이렇게 했다면 아주 효율적이었을 것이다.

"A 도시와 B 도시의 패스트푸드점과 패밀리 레스토랑, 술집의 수 전체를 조사해 주세요. 어느 지역의 어떤 업종에 DM을 보낼지는 조사 결과를 본 뒤에 제가 판단하겠습니다. 구체적인 점포명 목록 은 그 뒤에 작성해 주시면 됩니다."

　이렇게 한 번에 지시했다면 충분했을 일이다. 이렇게 하지 못해 시간과 인력에 큰 낭비가 발생해 버리고 말았다. 내가 말을 이렇게 하지 못한 건 지시를 즉흥적으로 했기 때문이다. 직원에게 지시할 말을 무작정 쏟아내는 태도를 버리자. 지시할

사항을 입밖으로 표현하기 전에 그 내용을 미리 준비해 놓는 것과 준비하지 않는 것은 매우 큰 차이를 낳는다. 시간을 비효율적으로 사용하는 사람들을 보면 열에 아홉은 준비 과정에 시간을 들이기를 싫어한다. 준비 과정을 시간 낭비로 여기기 때문이다. 최소한의 준비 과정은 꼭 필요하다. 준비 없이 하다가 다시 하기를 반복하는 쪽이 시간 낭비는 훨씬 크다.

다시 한번 말하지만, 지시할 말을 입 밖으로 꺼내기 전에 그 내용을 미리 준비해 놓는 습관을 꼭 가지자. 그것이 모든 원칙 중, 첫 번째 원칙이다. 다음과 같은 단계로 준비하면 좋을 것이다. 그런 뒤, 지시할 말을 직원에게 한 번에 전달하면 된다.

① 직원에게 부탁하고자 하는 것을 전부 적는다.

② 직원이 지시 내용을 가장 쉽게 이해할 수 있도록 그 순서를 궁리한다.

③ 갑자기 벌어질 수 있는 뜻밖의 상황에는 어떤 것이 있을지, 그리고 업무를 재차 해야 할 상황이 어떤 경우에 벌어질 수 있을지를 상상해 본다.

④ 직원의 업무 진척 상황을 어느 시점에 확인할 것인지도 결정해 둔다.

사장이 일을 상세히 전달하면
얼마나 시간이 절약될까?

• • • 　직원에게 지시를 할 때는 필요 사항을 꼼꼼히 챙겨서 단번에 전달하는 게 가장 바람직하다. 하지만 단계적으로 전달해야 할 일도 있고 때로는 상황이 급변하기도 하니 언제나 단번에 지시할 수는 없다. 아무리 그렇다고 해도, 지시해야 할 사항을 항상 꼼꼼히 챙기지 않아 매번 일부를 누락한 채로 직원에게 지시하는 사장이 있다. 이를테면 고객들을 초청해서 신상품 관련 세미나를 개최하는데 당일이 되어 세미나장에 들어서면서 "아! 그러고 보니 고객에게 나눠 줄 특별한 자료를 가져온다는

걸 깜박했네요!" 하며 직원에게 사무실로 돌아가 가져오게 한다든가 "화이트보드를 내가 챙기는 걸 봤으면 마커를 챙겨 줬어야지요!"라며 화를 내는 사장들이 있다. 이는 습관에 따른 행동이기 때문에 이런 사장들은 자신에게만 이런 일이 유독 자주 일어난다고 생각하며 직원을 원망하고 있을 수도 있다.

직원에게 자료를 하나 작성해 줄 것을 부탁할 때도 상황은 크게 달라지지 않는다. 직원이 완성해 간 자료를 본 뒤에야 비로소 "아, 그 표도 넣어 주십시오", "이 마크는 지워 주시고요"와 같은 추가 지시를 한다. 직원은 자료를 재차 수정해야 하거나 아예 새로 만들어야 해서 시간 낭비가 많아지고 그 결과 야근도 늘어나게 된다. 사장의 이런 습관을 받아 주어야 하는 직원은 업무도 생활도 혼란스러워질 수밖에 없으며 업무 의욕도 저하될 것이다.

이런 상황은 사장으로서 방지해 주어야 한다. 방법은 간단하다. 해야 할 일을 전부 목록으로 만들어 보는 것이다. 그리고 목록을 작성할 때에는 가급적 최대한 세세하게 분해하듯 적어 보는 것이다.

예를 들어 2개월 뒤에 신상품의 설명회를 연다고 가정해 보자. 그렇다면 목록을 어떻게 작성해 볼 수 있을까? 다음과 같이 세세하게 적으면 된다. 아무리 미미한 일이더라도 전부 적어 보도록 하자.

- 설명회 장소를 물색한다.
- 현장에 비품이 갖춰져 있는지 확인한다: 화이트보드, 마커, 프로젝터
- 참석자에게 대접할 음료수를 준비한다.
- 설명회에서 배포할 자료의 개요를 작성한다.
- 배포 자료를 출력하고 제본해 자료집으로 만든다.
- 당일의 강사로 상품과의 박명진 씨를 섭외한다.
- 초대하고자 하는 고객의 목록을 작성한다.
- 당일의 일정을 작성한다.
- 어떤 직원이 당일에 안내를 담당할 스태프 역할을 할지 결정한다.

이렇게 세세하게 적어 내려가는 것이 하찮게 느껴지거나 시시하게 생각될 수도 있을 것 같다. 그래도 위와 같이 해야 할 일을 적어 나가는 작업을 한동안은 실천해 보자. 그러면 분명 실감하게 될 것이다. 다른 대단한 전략이 아니라 아주 미미한 작업까지 모두 상기시키는 이 시시한 목록이 업무의 누락 가능성을 완전히 없애 준다는 사실을 말이다.

일이 복잡할수록
압축하면 쉬워진다는 사실

● ● ●　　바로 앞에서 이야기한 것처럼 지시 필요사항을 세세하게 분해해서 적어 보았나? 그럼 그다음에는 무엇을 해야 할까? 목록에 적힌 내용 전부를 한 번에 직원에게 전하는 것은 바람직한 선택이 아니다. 목록에 담긴 여러 내용을 전하는 데에는 시간이 든다. 누구든 여러 가지를 한 번에는 완전하게 이해할 수 없기 때문이다. 하지만 목록에 일일이 적어 둔 내용을 그대로 전해 주면 되지 않느냐는 생각이 들 것이다. 하지만 업무를 최대한 세분화한 목록이더라도 그 내용이 서너 개를 넘

어가면 직원은 혼란에 빠질 수 있다. 이미 수행해 본 적이 있는 업무의 목록이라면 모를까 처음 하는 업무의 세목을 줄줄이 받아 든 직원은 분명 당혹감에 빠질 것이다.

"진영 씨, 해 줬으면 하는 일이 있네요. 다다음 달에 열리는 신상품 설명회에 관한 것인데 대전에 있는 회의실을 수배해 주십시오. 칠십 명 정도가 들어갈 수 있는 곳이면 될 겁니다. 아, 프로젝터가 완비된 곳이어야 하겠어요. 그리고 김수현 과장에게 말해서 상품과의 박명진 씨를 강사로 섭외해 주십시오. 그밖에 초대할 고객의 목록도 작성해야 하고요…."

종이에 목록으로 적은 내용을 이렇게 그대로 말로 풀어 전한다면 그 내용이 직원에게 제대로 전달될 리가 없다. 그렇다고 해서 열 개가 넘는 업무를 서너 개 정도로 추려 수행하게 할 수도 없는 노릇이다. "우선 지금 해야 할 일은 이 세 가지네. 그밖에 해야 할 건 다음 주에 다시 설명하지"라고 말하면 문제가 없지 않을까 생각할 수도 있겠지만 이런 방식으로는 직원이 업무의 전체 상을 파악할 수가 없고, 그러므로 세부 업무의 의의나목적 또한 알 수가 없게 된다. 그러면 직원은 그 세부 업무를 수행하다가 돌발 상황을 맞닥뜨렸을 때 현명하게 대처할 수가 없을 것이고 일을 수행하는 내내 불안할 수도 있다.

그러므로, 종이에 업무 목록을 세세하게 적어 두었다면 다음 단계로는 종이에 적은 목록들을 '청크업'해 보자.

먼저 청크업이란 무엇인지부터 이야기해 보겠다. 청크(chunk)는 '큰 덩어리'를 의미하는 말이다. 그리고 청크업(chunk-up)은 요소들을 큰 덩어리로 묶어 올리는 것을 가리킨다. 청크업의 반대 개념으로는 청크다운(chunk-down)이 있다. 이것은 덩어리 같은 상위의 개념을 세세하게 분해해서 하위 개념으로 분쇄해 나가는 것을 가리킨다. 예를 들어 스포츠라는 하나의 덩어리 개념을 테니스, 축구, 야구, 마라톤 등으로 분해하는 것이 청크다운이고, 청크업은 테니스, 축구, 야구, 마라톤이라는 종목들을 스포츠라는 상위 개념으로 묶어 올리는 것이다.

당장 해결해야 하는 문제를 끌어안고 이러지도 저러지도 못하고 있지 않은가? 아마도 '나무만 보고 숲은 보지 못하고 있는' 상황일 것이다. 줄지어 늘어서 있는 나무들을 한 그루 한 그루씩 차근차근 눈여겨보는 데에만 골몰하면 숲 전체를 파악할 수가 없다. 목록에 나열되어 있는 작은 단위의 업무들 하나하나에만 골몰한다면 그 업무들이 모여 결국 달성해 내고자 하는 목적이나 결과물의 상태를 짐작할 수 없고 세세한 수많은 업무들 중에서 어떤 것부터 어떻게 손을 대야 할지 판단할 수가 없게 된다.

그래서 청크업이 필요하다.

앞에 적었던 내용을 청크업하면 다음 표처럼 세 가지로 분류할 수 있다. 이처럼, 앞서 수많은 업무 목록을 세세히 적은 뒤에는 이를 직원에게 한 번에 전하되 필히 서너 가지 항목으로 청크업을 한 뒤에 그 목록을 건네자. 그러면 업무 목록을 추려서 여러 번에 걸쳐 전달할 필요도 없고 직원도 사장의 말을 이해하는 데 큰 어려움을 느끼지 않을 것이다.

테니스, 축구, 야구, 마라톤 ⇄ (청크업 / 청크다운) 스포츠	
소분류	**대분류**
• 설명회 장소를 물색한다. • 현장에 비품이 갖춰져 있는지 확인한다: 화이트보드, 마커, 프로젝터 • 참석자에게 대접할 음료수를 준비한다.	회사 외부에 부탁할 일
• 설명회에서 배포할 자료의 개요를 작성한다. • 배포 자료를 출력하고 제본해 자료집으로 만든다. • 당일의 강사로 상품과의 박명진 씨를 섭외한다.	회사 내부에 부탁할 일
• 초대하고자 하는 고객의 목록을 작성한다. • 당일의 일정을 작성한다. • 어떤 직원이 당일에 안내를 담당할 스태프 역할을 할지 결정한다.	부서 내부에서 수행할 일

이익을 내는 사장이 가지고 있는 뺄셈 마인드란

● ● ●　　나는 세미나와 연수 같은 자리에서 강의를 꽤 오랫동안 해 왔다. 강의를 하게 된 지 얼마 되지 않았던 때, 나는 자료에 정말 많은 내용을 담고 또 담았다. 청중에게 혹시 필요할지도 모르겠다는 생각이 드는 내용이라면 가급적 전부 전달해야 한다는 생각을 가지고 있었기 때문이었다. 강의를 정해진 시간 내에 채 마치지 못하는 일도 많았다. 그런 내 노력이 무색하게도 청중들은 강의 평가 설문조사에 "하고 싶은 말이 무엇인지 알 수가 없다"라는 신랄한 비판을 적어 내곤 했다.

그래서 어떤 날부터는 중요한 내용만을 말하기로 결심했다. 그리고 의식적으로 내용을 줄여 보았다. 그러자 강의 평가 점수가 높아졌다. 강의 내용이 줄어들면 좋은 평가를 받을 수 없다고 생각했었는데 정말 의아하고 신기했다. 그래서 내 세미나를 몇 차례 들었던 사람에게 의견을 물었다.

"세미나가 내용이 알차다는 건 잘 알지만 너무 많은 것을 이야기하려 한다는 느낌을 지울 수가 없었습니다. 오히려 이번 세미나 정도가 딱 적당합니다. 120분이라는 시간 동안 이해할 수 있는 양은 한정되어 있거든요."

생각해 보면 백번 맞는 말이지만 열정에 불탔던 그때의 나로서는 감히 생각지도 못했던 말이었다.

그보다 더 전에 광고용 전단지를 만든 적이 있다. 그때도 나는 한정된 지면에 최대한 많은 내용을 적어 넣기 위해 한계 직전까지 글자를 최대한 채워 넣었었다. 하지만 그래서는 정작 강조해야 할 부분이 다른 글자들에 파묻혀 흐릿해질 뿐이라는 사실이 그때는 크게 와닿지 않았다. 광고의 목적인 집객 효과는 당연히 전혀 없었다. 그 후 전문 디자이너와 의논하여 전단지에 간단한 메시지만을 담아내자 비로소 전단지의 효과가 나타나 고객들이 모여들었다.

사장이 직원에게 지시를 할 때도 마찬가지다. 사장은 내용을 제대로 전달하고 싶다. 하지만 그런 이유로 말을 많이 해 버린다면 전달하고자 하는 바가 직원에게 전달되지 않게 된다. 사장이 직원에게 말을 할 때는 '무엇을 전달할 것인가?'의 문제가 중요하고, '무엇을 전달하지 않을 것인가?' 또한 똑같은 비중으로 중요하다. 지시하고자 하는 바를 잘 전달하는 사장일수록 말이 적은 법이다. 반대로 지시를 잘 전달하지 못하는 사장들은 말을 많이 한다. 잊지 말자. 우리가 별 고민 없이 내뱉는 말에는 불필요한 부분이 끼기 마련이다. 앞으로는 불필요한 정보를 분별해서 샅샅이 잘라 내 버리기 바란다. 직원이 사장의 메시지를 이해하고 수긍하는 데 꼭 필요하리라 여겨지는 정보만을 추린 뒤 그것만 말로 표현하기 바란다. 말을 더해 가기만 하는 요령 없는 덧셈 발상을 버리고 내용을 솎아 내고 추려 내는 뺄셈의 발상을 지금부터 즉시 적용하기 바란다.

  사장은 직원에게 무엇인가를 지시하거나 지도할 때 절대 욕심을 내지 말아야 한다. 구체적인 행동을 지시하거나 지도하고자 한다면 그 개수는 세 개까지로 한정하자. 전달하는 내용의 수가 그보다 많다면 한 번에 전달하기는 포기하자. 다른 때를 잡아 나머지를 이야기하는 편이 훨씬 바람직하다. 사람이 기억할 수 있는 양은 한정되어 있으니 사장이 한 번에 아무리 많은 것을 전달하려 한들 결코 전부가 전달될 수 없다. 또 다른 폐해도 있다. 수많은 지시사항을 한 번에 전달받은 직원은 그 세부사항들을 이행해 내는 데에만 급급한 나머지 내외부에서 발생하는 변수들을 주체적으로 판단하고 처리하지 못하게 된다.

당신으로부터 수많은 지시사항을 듣는 직원의 입장이 되어 생각하자. 한 번에 수많은 지시를 받는다면 그 지시사항들을 일차적으로 이해하는 단계에서 벌써 위기에 직면하지 않을까? 그러니 사장은 직원에게 메시지를 전달하고자 할 때, 그 내용을 가급적 줄이는 게 좋다. 직원이 당신이 생각했던 것처럼 움직이지 않는가? 사장인 당신이 욕심을 부렸을 가능성이 높다. 문제 해결의 포인트는 다음의 두 가지다.

① 삭제한다: 꼭 필요한 말이 아니라면 지운다.
② 압축한다: 표현을 최대한 줄여 짧게 한다.

불필요한 말이 많은 사장의 말투

"어제 회의에서 말이죠, 부사장의 설교가 너무 길어서 참 난감했는데 어쨌든 총무팀장의 자료에 따르면 영업팀의 신규고객 영입 수가 적다고 하더군요. 그러고 보니 방문 건수도 적은 것 같네요. 가망고객의 수는 어떤가요? 영업팀원들이 어떤 식으로 세일즈 토크를 하고 있지요? 매출도 부진하니 신규고객 개척에 힘을 쏟아 줬으면 좋겠습니다."

실적이 다소 부진해진 영업팀의 팀장에게 사장이 마음을 써서 의욕적으로 말을 전하고 있는 것만은 분명한 것 같다. 하지만 전달하고자 하는 내용이 분명하게 표현되지 않았다. 사장의 말이라면 메시지가 더욱 분명하게 두드러져야 한다. 다시 한번 기억하자. 지시사항을 완벽하게 전달하는 솜씨가 뛰어난 사장은 꼭 필요한 표현들로부터 그렇지 않은 표현들을 분별해 내고 이를 생략한 뒤에 말을 꺼낸다.

지시를 성공적으로 전달하는 사장의 말투

"최근에 신규고객의 수가 감소한 것 같습니다. 하루에 한 건이라도 좋으니 방문 건수를 늘려 주십시오. 일단 한번 시도해 보시고 다음 주 월요일 미팅 시간에 상황을 보고해 주세요."

지극히 단순하고도 명쾌하다. 사장으로부터 이 말을 들은 영업팀장은 자신이 방금 사장으로부터 영업 실적 부진이라는 현재의 문제 상황에 대한 해결을 지시받았으며 해결 방식으로서 신규 방문 건수 증대를 지시받았다는 점을 즉시 이해했을 것이다.

딱 한마디로 정리하면
말의 힘이 세진다

● ● ●　　똑같은 일을 상대하더라도 사장과 직원의 관점은 꽤 다르다. 사장은 직원보다 다양한 지식을 동원하고 자타의 풍부한 경험을 참고하며 자신이 갈고 닦아 온 통찰을 적용하며 업무를 사업 단위에서 바라본다. 사장의 관점이 거시적인 데 비해 직원의 관점이 미시적인 것은 자연스러운 일이다. 그런데 때로 사장은 이 당연한 차이를 잊고 직원에게 한 번에 아주 많은 것을 전달할 수 있다고 생각한다. 그리고 너무 많이 전달해 버리고 만다.

한 이벤트 회사의 사장인 A는 아주 마음씨가 좋은 사람으로 회사 안팎의 평이 일치했다. 그는 상대가 누구든 자신의 지시가 정확하게 전달되도록 하는 데 열성이 있었다. 그래서 그는 훌륭한 업무 매뉴얼도 만들어 냈다. 사내 일선에서는 그가 만든 매뉴얼 덕분에 아르바이트생들에게 업무를 지시하는 일이 굉장히 간편해졌다는 감탄이 자자했다.

　　하지만 A의 직속 부하들로부터는 다른 말이 나왔다. 그들은 A의 지시가 도무지 이해하기 어렵다고들 말했다. "지시를 듣고 있으면 답답하다", "무슨 말을 하는 것인지 알 수가 없다"라고들 불만을 터뜨렸다. 그런 불만이 해결되지 않은 채 쌓여 가자 A의 직원들은 그에게 반발을 표하기 시작했고 회사의 상황도 점차 나쁜 방향으로 기울어 가기 시작했다. A가 직속 부하들에게는 자신의 지시를 정확히 전달하고자 하는 열성을 기울이지 않았던 걸까? 그렇지 않다. 열성이 잘못 표현되어 독이 되어 버린 것이다.

　　'상대가 내 말을 오해하지 않도록 하려면 이것도 말해 주고 저것도 말해 줘야 해'라고 생각하면 결국 지시량이 굉장히 많아진다. 작은 부분에 아주 집착하며 모든 것을 말로 한 번쯤 표현하고자 하기 때문에 말을 하는 시간이 길어지고 그만큼 듣는 직원도 힘들어진다. 그러면 결국 사장은 직원으로 하여금 이야기의 전체 상을 이해하도록 돕는 데 실패하게 되고 직원은 중

요한 포인트를 놓치게 될 뿐 아니라 그 중요 포인트가 어떤 것
인지 제대로 분별조차 하지 못하게 된다.

이 습관은 바로잡기가 꽤 어렵다. 하지만 스스로를 돌이켜
보자. 이런 식으로 말이 길어지는 사람들은 대부분 다음과 같
은 생각 습관을 가지고 있다.

1. 내 말을 상대가 제대로 이해하고 있는지 아닌지 걱정이 되어서 견딜 수가 없다

어떤 업무를 직원에게 처음 지시하는 상황이라거나 그 직원
이 과거에 잘 해내지 못했던 업무에 재도전하게 하는 상황이라
면 사장은 신중을 기해야 하는 게 맞다. 사소한 것까지 정성을
들이며 말을 해 나가는 게 타당하다.

하지만 정성을 들이는 것과 말이 제대로 전달되게 하는 것은
다른 일이다. 정성을 들였지만 오히려 그로 인해 사장의 말이
제대로 전달되지 않는다면 대체 그 정성이 무슨 소용이란 말인
가. 직원에게 정성을 들이는 것은 좋다. 그렇다면 직원에게 건
네는 자신의 말에도 정성을 들여 보자. 내 말을 직원이 제대로
이해하게 하려면 말을 많이 하는 게 아니라 요령 있게 해야 한
다. 앞서 이야기한 것처럼 한 번에 너무 많은 것을 전하면 초점
이 흐려진다. 이는 듣는 이에게도 말하는 이에게도 마찬가지
다. 그 결과, 서로가 귀중한 시간을 상당히 할애하여 대화를 나

누었음에도 불구하고 직원은 사장이 하고 싶어 했던 말이 무엇이었는지를 명쾌하게 이해할 수가 없다.

그다지 적절한 비유는 아닐 수도 있겠지만 회사의 창립 50주년 축하연 같은 자리에서 십여 분 동안 계속되는 높으신 분의 축사를 들을 때면 상대가 말에 내용을 담아 열성적으로 전달하고 있음에도 불구하고 '언제쯤 끝나나…'라는 생각만 들었다거나, 잠시 귀를 기울여 보았지만 대체 무슨 말을 하고 있는 건지 전혀 이해할 수 없었다거나, 경청을 했는데도 조금 시간이 지나니 그가 어떤 말을 했는지조차 기억이 나지 않았던 경험은 누구에게나 한두 번쯤 있을 것이다. 이런 축사가 과연 의미가 있을까? 그 말하기의 목적이 과연 조금이라도 달성되었을까? 회사의 사장은 일상의 이런 실패를 감수하면 안 된다.

이렇게 되지 않기 위한 간단한 습관이 하나 있다. 말을 하기 전에, 할 이야기를 한마디로 표현해 정리해 두는 것이 바로 그것이다.

'전부 말해 줘야 해'라고 생각하는 사람은 직원이 어려움에 빠지지 않도록 배려하는 마음씨가 꽤 좋은 사람일 것이다. 그렇다면 조금만 시야를 돌려서 '너무 많은 것을 말하려 하면 상대의 시간을 필요 이상으로 빼앗게 된다. 오히려 상대에게 피해를 주는 행동이다'라고 발상을 전환해 보기 바란다.

2. 직원에게 거절당할 것이 두렵다

직원에게 말을 할 때 이야기가 길어지는 경우 중에는 직원에게 거절당할 것에 대한 두려움이 원인이 되는 경우가 분명 있다. "그건 무리입니다", "아무래도 힘들 것 같습니다" 같은 대답이 돌아올까 겁이 나서 결론을 계속 뒤로 미룬 채 말을 계속하거나 이야기 도중에 직원의 안색을 살피며 말을 바꾸다 보니말이 길어져 버리는 것이다.

그러나 설령 사장이 자신의 생각을 말했고 그에 대한 직원의의견이 'No'라고 하더라도 사장과 직원의 의견이 다르다는 그상황이 명확해진다면 발전적인 다음 단계로 넘어갈 수 있다.말을 길게 하는 게 아니라, 서로의 의견 차이를 다시 한번 확인한 뒤 차이를 좁히거나 대안을 궁리하고 새로운 수를 만들어내는 데 시간을 쓰는 것이다. 사장이 자신의 생각을 말하는데직원이 '그게 아닌데'라고 생각하며 입을 다물고 있고 사장은직원의 기운을 살피며 불필요한 말을 덧붙여 가면서 말을 빙빙돌리고 있는 상황은 시간 낭비다.

불필요한 말을 줄이는 것도 직원에 대한 배려.

난해한 말은 무조건 골라내라
: 정확하게 전달하는 법

● ● ●　　직원에게 지시사항을 분명히 전달했는데도 대체 왜 직원은 사장이 지시한 사항을 사장과 다르게 이해하고 있는 걸까. 유력한 이유 중 하나는 바로 이거다. 사장이 어려운 말을 사용하고 있는 것이다. 어려운 전문용어나 유식한 표현을 쓰지 말자는 이야기가 아니다. 사장의 말투에 해석하기 어려운 '난해한 말'들이 반복적으로 등장하고 있을 수 있다.

　그럼 난해한 말이란 무엇인가? 전형적인 패턴 두 가지를 살펴보자.

1. 모호한 형용사를 사용한다

신상품 세미나를 열어야겠다 마음먹은 사장이 직원에게 이렇게 지시했다. "다음 주에 신상품에 관한 세미나를 개최하고 싶으니 최대한 넓은 회의실을 수배해 주십시오." 직원은 바로 지시를 이행했고 백 명이 동시에 들어갈 수 있는 회의실을 찾아내 확보했다. 회사에서 평소 자주 이용하던 'ABC 회의실' 업체에서 가장 넓은 방을 찾아 예약한 것이었다. 그런데 문제가 발생했다.

사장 "저번에 부탁했던 세미나실, 예약해 놓았습니까?"

직원 "네."

사장 "어떤 회의실인가요?"

직원 "ABC 회의실의 E룸입니다(모니터에 홈페이지를 띄워서 보여 준다)."

사장 "어라? 여긴 너무 넓지 않은가요? 돈은 돈대로 많이 들고 빈자리가 많이 생겨서 보기도 좋지 않을 텐데요."

직원 "(조금 반항적인 말투로) 사장님께서 최대한 넓은 회의실을 수배하라고 말씀하셔서 이곳으로 예약했습니다만…."

사장 "물론 넓은 회의실이라고 말하기는 했지만…(한숨을 쉰다)."

왜 이런 일이 일어나는 걸까? 잘못은 사장의 말투에 있다. 사장은 회의실에 갖춰져야 할 특징을 오로지 형용사로 표현했다.

'넓다'라는 형용사는 구체성이 너무도 떨어지는 표현이다. '최대한 넓은 회의실'이라는 추상적인 지시를 받은 직원은 자신이 생각하기에 가장 넓다고 여겨지는 회의실을 찾아 예약하는 게 당연하다. 이는 지시를 전달한 쪽의 책임이다. 그러면 어떻게 해야 할까? '넓다'나 '빠르다'와 같은 형용사를 사용할 때는 반드시 구체적인 숫자를 함께 사용해서 지시하는 바를 명확하게 규정해야 한다.

2. 구체적인 행동을 떠올리기 어려운 표현을 사용한다

사장이 영업팀 직원들을 모아서 미팅을 시작했다. 이번 분기의 매출이 예상을 밑돌 것으로 예상되기 때문이었다. 사장으로서 무언가 수를 써 보아야 할 타이밍이었다. 그래서 직원들에게 말했다. "이번 달에는 신규고객 개척에 중점을 둬 주십시오."

그로부터 일주일 뒤, 사장은 영업팀 직원들을 불러 보고를 받았다. 그런데 직원 대부분이 신규고객을 전혀 늘리지 못한 게 아닌가. 사장은 목소리를 높여 몰아붙이기 시작했다. "저번 주에 분명히 신규고객 개척에 중점을 두라고 말했는데 신규고객을 전혀 늘리지 못했단 말입니까? 대체 이게 어찌 된 일인가요?" 그러자 직원 중 한 명이 이렇게 대답했다. "사장님께서 신규고객 개척에 중점을 두라고 말씀하셔서 방문 건수를 늘렸습니다. 말씀하신 즉시, 거래처 하루 평균 방문 건수를 1.5배로 늘렸습니다."

사장은 머리를 감싸 쥐었다. 사장이 직원들에게 요구한 것은 '신규고객의 확보'지 '신규 방문 건수 확대'가 아니었다. 구체적으로 말하자면 기존의 가망고객들을 신규고객으로 만들어서 거래를 개시해 내라는 뜻이었다. 지시 내용에 대한 사장과 직원들의 해석이 완전히 달랐던 것이다.

왜 이런 비극이 일어났을까? 이유는 역시 사장의 말투에 있었다. 사장은 '중점을 두다'라는 모호한 표현을 사용했다. 사장으로부터 '중점을 두어라'라는 말을 들은 직원은 사장이 구체적으로 어떤 특정한 행동을 지시한 것이라고는 생각을 할 수가 없다.

'중점을 두다'라는 표현과 마찬가지로 추상적인 태도만 언급할 뿐 어떤 구체적인 행동은 즉각 떠올리게 하지 못하는 또 다른 표현으로 '꼼꼼하게 하다'가 있다. 직원에게 "좀 더 꼼꼼하게 만들어 주십시오"라고 말을 했지만 얼마 후에 별 차이가 없는 결과물을 받아보았던 경험을 다들 가지고 있을 것이다.

구체적인 행동을 즉각 떠올릴 수 없는 표현을 습관적으로 사용하고 있지 않은지 생각해 보자. 그리고 지시할 때 그 표현은 절대 사용하지 말자. 시간 낭비이자 에너지 낭비, 나아가 감정 소모로 이어질 위험이 너무나 높다.

모호한 말은 이렇게 바꿔 보라
: 숫자로 변환하는 법

● ● ●　　앞에서 이야기했던 것처럼 숫자를 곁들여 지시하면 직원들은 사장의 말을 이해하기가 한결 쉽다고 느낀다. 한편 직원이 지시사항을 쉽게 이해하지 못하게 말하는 사장은 모호한 표현을 사용해 말한다. 한 가지 사례를 들어 보겠다.

　사장 A와 사장 B는 업무 경비를 줄여야 할 필요가 있다고 생각했다. A는 직원들에게 "복사할 때 실수를 줄여 주십시오", "낭비하지 않도록 주의해 주세요", "값싼 비품도 쓸 만합니다" 라고 귀에 못이 박히도록 지시했다. 직원들은 "알겠습니다"라고 말했지만 반년이 지나고 그간의 경비를 조사해 보니 달라진 것이 없었다. 복사 용지 사용량은 분명히 줄었지만 미미한 수준이었다.

한편 B는 절감의 목표를 설정해야겠다고 마음먹었다. 그래서 경비를 절감할 수 있는 항목이 무엇인지를 탐색하기 시작했다. 그 결과 인쇄비의 비중이 다소 높다는 사실을 파악했고, 인쇄비를 10퍼센트 줄이겠다는 목표를 세웠다. 그리고 직원들과 이 목표를 공유한 뒤 다음과 같이 지시했다.

- 전단지의 인쇄 필요부수를 명확히 산출하라.
- 기존에 A3 용지 네 쪽으로 제작하였던 전단지를 A4 용지 두 쪽으로 만들어라. 전단지에 실을 정보를 감축하라. 중요성이 떨어지는 정보를 삭제하고 강렬한 인상을 주는 방향으로 전단지의 스타일을 바꿔라.
- 이에 대한 수정안을 1개월 안에 3건 만들어 내라.
- 직원 모두는 품질이 우수하면서도 비용이 저렴한 인쇄업체를 일주일 이내에 1곳씩 발굴해 내라.

B가 이렇게 말하자 평소에는 경비 절감을 남의 일처럼 여기던 직원들이 적극적으로 행동하기 시작했다. 직원들은 매출 목표를 대할 때 그랬던 것처럼, 10퍼센트라는 비용 절감 목표를 달성하기 위해 모두가 하나가 되었다. A의 회사와 달리 B의 직

원들은 "좋은 아이디어가 떠올랐습니다!", "괜찮은 업자를 찾아 냈습니다!"라고 외치며 열정적으로 업무했다.

반년 후, 두 회사의 경비에는 큰 폭의 차이가 나타났다. 이런 차이가 발생한 이유는 무엇일까? A와 B의 말투 때문이다. A와 B가 같은 목적을 가지고 직원들에게 업무를 지시했음에도 불구하고, 왜 이런 차이가 발생하게 된 것일까? A의 지시는 모호했다. A의 지시는 어떤 특정 행동으로 즉각 연결되는 게 아니었다. 반면 B의 지시는 즉시 직원들의 특정 행동을 유발시키는 것이었다. B는 지시를 내릴 때 '숫자를 사용한 행동레벨'을 제시했다.

행동레벨을 수치화해 제시하면 직원들은 쉽게 다음 행동을 선택할 수 있으며 집단 전체가 공유하기에도 간단하다. 상황에 따라 그 레벨이 어려울 것 같다고 판단될 때는 수치 목표만 재조정하면 그만이다. 막연히 "비용을 절감하시오", "낭비를 하지 마시오"라고 지시해서는 직원의 즉각적이고 구체적인 행동을 유발시키지 못하기 때문에 직원은 한동안 그대로 있다가 어떤 상황에 사장의 지시가 문득 떠오르면 이전과는 약간 다른 행동을 해 볼 뿐이다.

직원이 다음 행동에 바로 돌입할 수 있도록 구체적으로 지시하자. 그리고 수치화된 행동레벨을 함께 제시하자. 그렇게 하지 않으면 직원은 지시를 이행하고 싶어도 아무것도 하지 못할 수

있다. 뿐만 아니라 사장이 진척 상황을 중간에 점검해 보는 일
도 간단하게 진행되지 못한다.

우리는 모호한 표현을 일상적으로 사용하고 있다.

"실수를 개선하자", "신규시장 개척을 활성화하자", "의식을
변화시키자", "행동을 강화하자" 같은 말을 별생각 없이 자주
사용하고 있다. 그러나 이런 말을 들은 사람의 입장에서는 그
말을 들은 뒤에 구체적으로 어떤 행동을 어떻게 해야 하는 건
지 알아들을 수가 없다. 설령 어느 정도 짐작이 된다 해도 말을
한 사장과 말을 들은 직원이 생각하는 '행동레벨'이 일치하지
않을 가능성이 높다.

이렇게 되지 않기 위해서 수치를 사용하는 것이다. 사실 대
부분의 표현은 수치화할 수 있다. "실수를 개선하자", "신규시장
개척을 활성화하자", "의식을 변화시키자", "행동을 강화하자"
같은 말은 언뜻 수치화하기 어려워 보이지만 절대 그렇지 않다.

다음의 표를 참고해 보자. 현재의 상태를 수치화하면 목표도
수치화할 수 있다. 수치화하면 지향하는 '행동레벨'이 명확해
지므로 사장과 직원 간 인식의 괴리도 사라진다. 다시 한번 강
조한다. 수치를 사용해 모호한 말을 명확한 말로 변환하자.

모호한 말	▶	수치화	▶	명확한 말
영업력을 향상시킨다.		현재 수치: 작년도 동월 매출액 2억 원		매출을 작년 동월 대비 15퍼센트 높인다.
		목표 수치: 매출액 2억 3,000만 원		
기존 고객에 중점을 둔다.		현재 수치: 재방문율 30퍼센트		재방문율을 10퍼센트포인트 높인다.
		목표 수치: 재방문율 40퍼센트		
주의를 기울인다.		현재 수치: 월 6건의 실수가 발생		실수 발생률을 50퍼센트 줄인다.
		목표 수치: 실수 발생 건수 3건		
적극적으로 행동한다.		현재 수치: 전월에 올라온 기획서는 부서 통틀어 2건		기획서를 한 달에 1인 1건 제출한다.
		목표 수치: 직원 전원이 매달 기획서를 작성한다.		
창구 인지도를 높인다.		현재 수치: 문의 건수 월 10건		홈페이지 Q&A 게시판 문의 건수를 전월에 비해 두 배로 늘린다.
		목표 수치: 문의 건수를 20건으로 늘린다.		

숫자를 제대로 사용하면
달라진다
: 넘버링의 힘

• • •　　사장 A는 직원을 불렀다. 그리고 다음 주에 있을 지 방 출장을 준비해 줄 것을 부탁했다.

"다음 주에 있을 광주 출장 건 관련해서 ○○ 씨에게 부탁을 좀 해도 되겠습니까? 먼저 열차 티켓 말인데, 가는 건 목요일 11시 KTX로 잡아 주십시오. 아, 돌아오는 건 금요일에 열리는 이벤트가 18시에 끝이 나니까 20시 이후로 잡아 주면 좋겠습니다. 호텔은 시청 근처에 조식 포함해서 1박에 10만 원 이내인 곳으로 부탁합니다. 괜찮은 곳이 있으려나…. 역에서 가까우면 좋겠네요. 아, 맞다. 목요일 밤에 광주 지점 사람들과 친목회를 열고 싶으니까 시청 주변의 가게를 예약해 달라고 광주 지점의 C에게 부탁해 주세요. 인원수와 시작 시간은 C에게 물어보면 될 겁니다. 음…. 일단 생각나는 건 이 정도네요. 그럼 부탁합니다.”

이처럼 “이런 것이 있고, 그리고…”라는 식으로 장황하게 이야기를 이어 나가면 직원은 ‘시킬 게 아직도 더 있어?’, ‘대체 언제 끝이 나는 거야?’라고 생각하며 스트레스를 받게 된다. 그 결과 사장이 전하고자 하는 중요한 내용은 직원의 머릿속에 저장되지 않게 된다. 그러므로 말을 시작하기에 앞서 “○○ 씨에게 부탁할 게 세 가지가 있습니다”라는 식으로 말함으로써 ‘전달하고자 하는 내용의 개수’를 먼저 제시하는 것이 효과적이다.

사장이 ‘전달하고자 하는 내용은 세 가지’라고 표명을 하면 듣는 직원은 마음속에 ‘상자 3개’를 준비해 놓는다. 그리고 두 가지 이야기가 끝나면 ‘이제 한 가지가 남았군’이라고 마음의 준비를 하며 집중력을 유지할 수 있다. 이런 준비를 할 수 없는 상태에서 이야기를 들으니 듣는 이는 스트레스를 받는 것이다.

사장 A가 출장 준비 건에 대해 다음과 같이 말했다면 효과적이었을 것이다.

"다음 주에 광주로 출장을 가야 하는데 ○○ 씨에게 그 준비를 부탁하고 싶습니다. 부탁할 것은 세 가지입니다. 첫째는 KTX 티켓 예매, 둘째는 호텔 예약, 셋째는 광주 지점의 C에게 연락하기입니다. 그러면 각각의 부탁에 대해 ○○ 씨가 조금 신경 써 줬으면 하는 점을 자세히 설명해 드리겠습니다."

듣는 이가 둘 중 어떤 말투를 더 좋아할지, 그리고 어떤 말이 더 이해하기 쉬운지에 대해서는 굳이 더 이상 말할 필요가 없을 거라 확신한다.

THE TONE OF THE BOSS

WHO MAKES A PROFIT

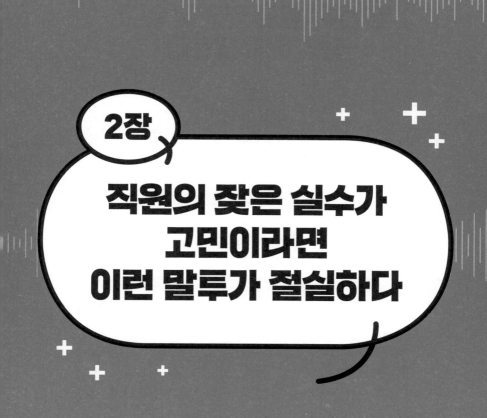

2장

직원의 잦은 실수가
고민이라면
이런 말투가 절실하다

'당연히 알고 있겠지'라고
생각하지 않는다

• • •　　직원을 앞에 두고 이야기를 하다가 이런 생각이 들었다. '굳이 말하지 않아도 이건 알고 있겠지?' 그렇게 몇 가지 말을 생략하고 지시를 했는데 결국 직원이 말을 잘못 알아듣고서는 크고 작은 문제들을 일으켜 버렸다. 자책하지 말자. 사장이라면 누구든 이런 경험을 적어도 한두 번쯤은 가지고 있다. 그런데 어떤 말을 생략해도 되겠다고 생각했던 이유는 무엇이었을까? 그건 사장이 직원을 생각할 때, 그가 어떤 상황에서든 언제나 최고로 우수한 상태일 거라고 생각해 버렸기 때문이다.

하지만 말이 제대로 전달되기를 원하는 사장이라면 직원이 당장은 그런 상태가 아닐 수 있다는 점을 염두에 두고 말을 해야 한다. 특히 문서도 그림도 없는 상황이라면 사장이 말로만 빠르게 뱉어 내는 이야기를 듣는 직원은 그 내용을 제대로 이해하기가 매우 어려울 것이다. 말을 들은 뒤에도 머릿속에 남은 것이 거의 없을 수 있다.

어떤 사장이 회의에서 사용할 자료를 작성하기 위해 이번 달과 다음 달에 유치할 수 있으리라 기대되는 고객 목록을 만들어 제출하라고 직원에게 이야기했다. 이에 직원은 매출 발생이 확실하다 여겨지는 A급과 B급 가망고객의 목록만을 작성해서 사장에게 이메일로 보냈다. 다음 날 사장은 출근하자마자 직원을 질책하기 시작했다.

사장 "가망고객 목록에 항목이 다섯 건밖에 없다니, 신규고객을 획득할 생각이 없는 겁니까?"

직원 "아닙니다. 그럴 리가 있겠습니까? 신규고객을 늘리기 위한 업무도 신경 써서 진행하고 있습니다…(갑자기 왜 이러는 거지?)."

사장 "(언성을 높이며) 그런데 왜 목록에는 5건뿐인 겁니까?"

직원 "확실한 것은 5건뿐이라 5건의 목록만 작성했습니다. C급 가망고객은 포함시키지 않았습니다."

사장 "C급하고 D급도 넣었어야지요!"

직원 "하지만 A급하고 B급만 보고하면 된다고 늘 말씀하시지 않으셨습니까?"

사장 "이번엔 그런 맥락에서 말한 게 아니지 않습니까! 상황을 보면서 말을 이해해야 하지 않겠습니까!"

이 회사의 영업부에서는 가망고객이 성공적으로 유치될 가능성이 높은 순으로 등급을 구분하여 가망고객을 A급부터 D급까지로 구분하고 있었는데, 사장은 평소 회의에서 "확실히 유치할 수 있는 A급과 B급 가망고객만 알려 주십시오"라고 말해 왔다. 그래서 직원은 이번에도 확실한 5건만을 추려 보고했던 것이다. 그런데 사장은 이번 회의에서는 가망고객의 수를 최대한 많이 확인해 보고 싶었다.

회의 상황에 따라 자료를 정리하는 기준이 달라져야 하는 것은 당연한 일이다. 하지만 그렇다 해도 직원에게 "상황을 보면서 나의 말을 이해하라!"라고 요구하면 직원으로서는 당황스러울 수밖에 없는 것도 당연하다.

이 경우에 "이번 회의는 외부 발주자를 설득하기 위한 준비를 하는 회의이니 목록에 C급과 D급 가망고객도 포함시키세요"라고 말만 했다면 직원이 사장의 말을 오해할 가능성을 0으로 만들 수 있었다. 직원에게 업무지시를 할 때 사장은 때로 말을 모호하게 하거나 생략해 버리는 경우가 있다. 그렇게 한다면 사장의 지시는 당연히 제대로 전달되지 못한다. 직원이 사장의 지시대로 움직이지 않도록 사장이 유도하는 셈이다.

이처럼 '내 생각을 직원이 짐작해 충분히 이해하고 있을 것'이라는 생각에서 말을 생략해 버리는 방식은 업무지시를 완전히 잘못 전달되게 만들 수 있기 때문에 아주 위험하다.

그렇다면 어떻게 해야 이런 사태를 방지할 수 있을까? 좋은 방법이 있다. 5W2H를 기억하라.

• When … 언제, 언제까지

• Where … 어디에서

• Who … 누가, 누구에게

• What … 무엇을

• Why … 왜

• How … 어떻게(수단)

• How many, How much … 얼마나(수량·금액)

이번 사례에 적용해 보자. 사장이 직원에게 다음과 같이 말했다면 오해의 여지는 전혀 없었을 것이다.

"다음 주 10월 26일 일요일에(When) 부산 지점에서(Where) 외부 발주자에게(Who) 사업의 가능성을 설득해야 하니(Why) C급 이하의 가망고객을 포함한(How) 가망고객 목록을(What) 10부(How many) 만들어 주십시오."

직원에게 업무지시를 할 때는 이렇게 생각하며 말을 하자. '내 말을 초등학생이 듣더라도 문제없이 이해할 수 있도록 해야 그것이 좋은 업무지시다.'

이익을 내는 사장은
OOO의 형태를 말한다

● ● ●   직원이 지난주에 맡긴 일의 결과물을 가져왔다. 그런데 내가 생각했던 것과 전혀 다른 결과물을 가져왔다! 당황스럽고 화가 난다. 여유 일정도 잡을 수 없이 급박한 상황이라면 당황하는 것도 시간 낭비다. 생각만 해도 끔찍한 상황이다.

이런 일을 겪지 않고 싶다면 이 한 가지를 꼭 기억하도록 하자. 직원에게 업무를 지시할 때 결과물의 형태, 즉 완성형을 명확히 언급하자.

좀 더 생생하게 말해 보자면 이렇다. 여러분은 직원이 제출한 자료를 보면서 이런 생각을 한 적이 분명 있을 것이다.

'왜 여기에 그 데이터가 들어 있지 않은 거지?'
'이 표는 알아보기가 힘들잖아.'
'이렇게 두꺼운 자료는 필요 없는데….'

이런 생각이 들었지만 그렇다고 자료를 다시 만들라고 지시하자니 다음 업무들을 진행해 나가기에도 시간이 빠듯할 것이다. 설령 시간이 있다고 하더라도 자료를 다시 만들라고 지시하면 직원은 낙담하고 부끄러워하며 의욕이 꺾여 버린 모습을 보일 것이 틀림없다. 무엇보다도 귀중한 시간을 크게 낭비하고야 만다. 직원은 '그런 건 처음부터 말을 해 달라고!'라는 불만을 품을 것이다.

그렇게 되지 않도록 사장은 자신이 기대하는 결과물의 형태를 처음부터 직원과 공유하는 게 좋다. 예를 들어 자료 작성을 지시한다면 문장으로만 구성된 자료를 원하는지, 도표나 사진을 사용하는 편이 좋은지, 도표를 넣어야 하는 데이터는 구체적으로 어떻게 제시하기를 원하는지, 전체 분량은 어느 정도로 할지 등을 직원과 사전에 공유하는 것이다. 이렇게 하면 직원이 최종적으로 산출해 낸 결과물에서 큰 괴리감을 느끼는 일은 없어질 것이다.

물론 업무 중에는 결과물의 형태를 구체적으로 정해 놓고 시작할 수 없는 일도 많다. 다만 그렇더라도 완성된 결과물의 이미지를, 즉 대략적인 안을 떠올려 보고 이를 직원에게 이야기해 주도록 하자. 그리고 업무를 진행하면서 직원과 함께 그 완성형을 조정해 나가면 된다.

사장은 회사의 비전과 방향을
말속에 담는 사람

●　●　●　　　직원 입장에서 상상해 보자. 오늘 나는 아주 새로운 업무를 지시받았다. 생각이 이어진다. 이 일은 정말 완전한 신규 사업의 일부분일까? 아니면 기존에 해 오던 업무 중 어떤 업무의 연장선에 있는 걸까? 자연스러운 의문이다. 사장의 머릿속에는 직원에게 지시한 업무가 회사 전체 사업 중 어디쯤에 위치해 있는지가 분명히 잡혀 있겠지만 사장으로부터 처음 지시를 받는 직원 입장에서는 그 업무를 포괄하고 있는 업무의 전체 상이 보이지 않는다. 게다가 전체 상이라는 것은 '이야

기를 듣는' 것만으로는 이해하기가 힘든 법이다.

그러니 사장은 '업무지시서' 등의 양식을 활용하되 그 양식을 통해 직원이 업무의 전체 상을 가늠해 볼 수 있도록 양식의 내부 항목들을 잘 구성해 두면 좋을 것이다. '듣기'만 하기보다는 눈으로 자료를 보며 정보를 받아들일 수 있으므로 직원의 업무 이해도는 높아질 것이다. 또한 업무 전체에서 중요한 것이 무엇인지를 알게 되므로 직원은 실무에서의 소소한 판단을 스스로 해낼 수 있게 된다. 그러니 사소한 것을 사장에게 수없이 물어보거나 직원 스스로는 아무 생각이나 판단을 하지 못한 채 사장에게 전부 의지하는 일이 사라질 것이다.

또한 사장과 직원이 이야기를 나누며 업무지시서에 추가 사항들을 기입해 두면 업무와 관련된 핵심 정보들을 종이 한 장에 집약해 둘 수 있다는 이점이 있다. 그래서 작업 중에 곤란한 일이 발생하거나 알지 못하는 것이 나오더라도 직원은 지시서를 재차 확인해 가며 일을 진행할 수 있고, 해야 할 작업을 잊어 누락하는 사태도 방지할 수 있게 된다. 물론 지시해야 할 사항을 사장이 누락하는 일도 없어진다.

그리고 기획하고 있는 행사의 참여 인원수가 변동되는 것처럼 어떤 핵심 정보에 변동이 발생하는 경우, 직원은 업무지시서를 참고하며 어떤 작업들을 조정해야 할지를 명확하게 인식할 수 있다. 문제가 일어났을 때 재빠르게 판단, 결단하고 실행할 수 있게 되는 것이다. 또한 "현재 여기까지 했고, 이 부분은 아직 못 했습니다"라고 사장에게 보고하고 연락하며 사안에 따라 상담을 요청하기도 용이할 것이다.

업무지시서는 지시하기 전에 만들어 놓는 것이 바람직하지만, 시간이 없다면 직원에게 지시를 하면서 그 와중에 종이에 적어 전달하는 방식으로 작성하더라도 분명 차선책은 된다. 그렇게 하더라도 입으로만 말 할 때보다는 전체 상이 정확하게 전달되기 때문이다. 또한 사장은 직원과 이야기를 나누다 보면 자신이 혼자서 지시서를 작성할 때에는 미처 생각하지 못한 것들을 인지하게 되는 경우가 있다. 누구든 이야기를 하는 도중에 영감이 갑자기 번뜩일 수 있기 때문이다. 그렇게 갑자기 툭 튀어나온 좋은 생각이나 정보가 있다면 그것도 지시서에 손으로 추가 기입하기를 주저하지 말자.

우선순위가 아니라
'후순위'를 짚어 줘야지

••• 직원에게 새로운 업무를 주는 상황이라면 사장이 절대 잊지 말고 분명히 해 주어야 하는 게 있다. 이를테면 "지금하고 있던 업무는 뒤로 미뤄도 됩니다"라고 분명히 지시해 주어야 한다. 또한 업무 각각의 기한도 명확히 조정해 주어야 한다. 그렇게 하지 않는다면 직원은 어떤 일부터 수행해야 할지 혼란에 빠진다.

"가급적 빨리 해 주십시오"는 모호한 지시다. "시간이 날 때 해 주세요"도 좋지 않은 지시다. 심지어 이런 지시는 "영원히 하지 않아도 되는 일입니다"라는 아주 잘못된 해석으로 이어질 위험성이 있다. "급한 일은 아니니 시간이 날 때 해 주세요"라고 부탁한 일을 직원이 일주일이 지나도 완료해 두지 않았다면 직원 탓을 해서는 안 된다. 사장의 말에 문제가 있었기 때문이다.

그렇다면 어떻게 말해야 할까? 직원에게 지시사항을 전달하는 상황에서 많은 사장들은 우선순위를 신경 쓴다. 하지만 우선순위보다 더 중요한 것이 있다. 바로 '후순위'다. 여러 업무 가운데 어떤 일은 하지 않아도 되고, 어떤 일이 덜 중요한 것인지를 직원에게 분명히 제시해 주어야 한다.

우선순위는 눈앞에 있는 여러 가지 업무를 중요도나 긴급성에 입각해서 비교한 다음 먼저 처리해야 할 순서대로 차례를 매긴 것을 뜻한다. 사장이 될 만큼 경험을 쌓으면 업무의 우선순위를 정확하게 판단할 수 있지만 경험이 아직 충분하지 않은 직원이라면 이것도 해야 하고 저것도 해야 한다고 생각하게 된다. 무엇보다도 직원의 입장에서 사장이 지시한 업무는 전부 우선순위가 높다. 그래서 직원은 능력보다 많은 일을 소화해 내려고 애쓰게 되고 결국 소화불량이 일어나 기한까지 완료하지 못하는 업무가 생겨 버리는 것이다.

그러니 사장이 직원에게 업무를 맡길 때는 반드시 '후순위'를 명확히 말해 주어야 한다. 'TO DO' 목록이 아닌 'NOT TO DO' 목록을 만들어 줌으로써 직원이 '하지 않을 일들'을 명확

히 알게 해야 한다. 그리고 직원이 '당장은 급하지 않은 일'을 하고 있지는 않은지를 중간에 확인하는 것도 좋다.

'업무를 한 가지 늘렸다면 한 가지를 줄여 준다', '우선순위가 높은 업무를 한 가지 부탁했다면 후순위로 미룰 일도 한 가지 언급해 준다'라는 생각을 머릿속에 꼭 넣어 두자.

직원의 "알겠습니다"를
맹신하지 말자

사장 "그때 내가 이렇게 말하지 않았습니까?"

직원 "그러셨던가요?"

사장 "그때 '알겠습니다'라고 말해 놓고서는 이제 와서 무슨 소립니까?"

직원 "죄송합니다…."

아마 익숙한 장면일 것이다. 직원에게 업무를 지시하면 직원은 "알겠습니다"라고 말한다. 그 말을 들었으니 안심하고 기다린다. 그런데 기일이 되었음에도 직원이 보고를 하지 않는다.

그래서 "그때 부탁한 일은 어떻게 되었습니까?"라고 물어보면 "아직 덜 끝났습니다"라는 대답이 돌아온다. 심지어는 무엇부터 손을 대야 할지 알 수가 없어서 아예 시작도 하지 않은 경우도 있고 지시한 것과는 전혀 다른 결과물을 가져오기도 한다.

이렇게 되면 지시했던 일을 사장 자신이 직접 해야 하는 상황에 빠진다. 또한 직원이 일을 맡아 진행하지 못하니 직원의 성장도 멈춰 버리게 된다.

"알겠습니다"라는 직원의 대답을 맹신해서는 안 된다. 직원으로서는 사장의 이야기가 이해되지 않더라도 "이 부분은 잘 이해가 안 됩니다"라고 말하기가 부담스럽기 마련이다. 그러니 특히 상대가 마음이 약한 직원이라면 그가 이해가 안 되는 부분이 있음에도 물어보지 못하고 있는 건 아닌지를 신경 써야 한다. 또한 너무나도 기본적인 것을 물어봤다가 무능하다는 인상을 줘서 평가가 낮아질 것을 두려워하는 사람도 있다. 물론 이해가 되지 않는 점이 있으면 "이 부분은 잘 이해가 안 됩니다"라고 당당하게 물어보는 직원도 있지만 그런 직원은 사실 소수에 불과하다.

직원에게 어떤 지시를 전달한 뒤에는 그가 어떻게 이해했는지를 반드시 확인하자. 본인은 이해했다고 생각하지만 실제로는 중요 포인트를 잘못 이해했을 가능성이 누구에게나 있다. 다소 덜렁대는 성격이거나 주의력이 부족한 사람은 특히 그런 경우가 많다. 부끄럽지만 나도 신입사원 시절에는 제대로 이해하지 못했으면서 "알겠습니다"라고 말하고 넘어간 적이 있다.

직원을 신뢰하지 말라는 말이 아니다. 직원의 "알겠습니다"라는 대답을 맹신하지 말라는 말이다. 이 '확인'은 직원을 추궁하려는 것이 아니라 직원을 도우려는 것이다

그렇다면 어떻게 확인해야 할까? 두 가지 방법을 소개한다.

1. 직접 다시 말해 보게 한다

다짜고짜 다시 말해 보라고 하면 직원은 '나를 믿지 못하는 건가?', '내 수준을 너무 낮게 보는 거 아닌가?'라는 생각에 반발할 가능성이 있다. 그러므로 "혹시 내 말이 잘못 전달되었을지도 모르니 확인을 해 봐도 되겠습니까?"와 같이 완충재 역할을 해 줄 수 있는 말을 곁들이는 것이 좋다. 그러면 다시 말해 보라는 사장의 행동을 직원이 오해 없이 받아들일 것이며, 오히려 사장에게 신뢰감을 느낄 것이다.

또한 사장이 잠시 자리를 비우면서 "5분 정도 나갔다 올 테니 지금 한 이야기를 정리해 놓아 주십시오"라고 말하는 것도 한 가지 방법이다. 그러면 직원도 차분한 상태에서 질문할 점이나 잘 이해가 되지 않는 부분을 정리해 둘 수 있다. 이 경우, 앞서 이야기했던 5W2H에 따라 종이에 정리해 보게 하는 것도 좋다.

2. 질문을 던진다

지시 내용이 많으면 직원이 그 내용을 정리해 다시 말하는 데에 긴 시간이 필요할 수 있다. 그런 경우에는 직원이 잘못 이해했을 것 같은 부분, 판단에 어려움을 겪을 것 같은 부분을 골라 사장이 질문을 던지는 것도 효과적이다.

사장 "상품과는 옆 지점에 있는데 상품과 A 과장을 찾아가도 외근 중이면 어쩌죠?"

직원 "그런 일이 일어나지 않도록 A 과장에게 전화를 걸어서 자리에 있는지 확인한 다음에 찾아가겠습니다."

사장 "좋네요. 다음으로, 도시 중심부에 예약이 가능한 회의실이 없을 경우는 어떻게 하시겠습니까?"

직원 "중심부에서 아주 멀지 않은 변두리에서 동급 회의실을 몇 개 물색해 가예약해 놓겠습니다."

사장 "그리고요?"

직원 "각 회의실의 구조와 분위기를 알 수 있는 자료를 준비하겠습니다."

사장 "그거 좋네요. 그렇게 우리가 회의실 내부까지 확인한 뒤에 이번 총회에 어떤 회의실을 사용할지를 최종 결정한다는 말이지요?"

직원 "네."

사장이라면 계속 피드백하고, 계속 말해야 한다

● ● ●　　단기업무와 장기업무는 거의 모든 면에서 차원이 다르다. 단기업무에도 나름의 고충이 있지만 장기업무에는 업무 처리 면에서도, 관리 면에서도 단기업무와는 다른 특별한 역량이 요구된다. 그러니 장기업무를 처리하는 직원에게도 사장에게도 특별한 어려움이 따른다. 업무 진행 기간이 길어지면 의욕을 유지하거나 행동을 꾸준히 지속해 나가기가 어렵다. 따라서 중간목표와 진척 상황을 확인할 방법, 그리고 확인 시기를 정해 놓을 필요가 있다. 직원에게 업무를 어떻게 진행해야 할

지 제대로 알렸더라도 이 '확인'을 게을리하면 실패할 위험이 커진다. 도중에 진행 상황을 확인하면 설령 잘못된 방향으로 나아가고 있는 중이었더라도 빠르게 알아채 대응할 수 있으며 세세한 부분들을 수정하기도 용이하다. 중간목표를 설정하는 방법, 그리고 확인 방법과 시기에 관한 이야기를 해 보겠다.

1. 중간목표를 설정하는 방법

마라톤을 해 보겠다고 마음먹은 상황이라고 생각해 보자. 처음부터 풀코스 완주를 목표로 삼으면 금방 좌절하고 만다. 이런 경우에는 다음과 같이 간단히 중간목표만 설정해도 최종목표를 달성하기가 용이해진다.

[제1단계] 먼저 10킬로미터 단축코스에 도전한다.
[제2단계] 하프코스에 도전한다.
[제3단계] 풀코스에 도전한다.

이와 같이 단기목표를 설정해 놓으면 중간에 성취감을 맛볼 기회들을 통해 의욕을 상승시킬 수 있다. 처음에 가졌던 의욕이 유지되는 셈이다. 단기목표는 상하로 변동될 수 있는 수치보다는 계속해서 쌓아 올릴 수 있는 수치를 목표로 삼는 편이 좋다. 세계적으로 이름을 알린 한 야구선수는 자신의 기량을 높이기 위해 '타율'보다 '안타 수'에 집착했다고 한다. '타율'은 범타로 물러나면 하락하지만 '안타 수'는 삼진을 당해도 줄어들지 않으며 지속적으로 쌓아 나갈 수 있기 때문이라고 했다. 그러면 회사 업무에 이를 적용해 보자.

[최종목표] 새로운 카탈로그를 만들기 전, 3개월 안에 협찬 광고를 40건 수주한다. 영업팀이 8명이므로 1인당 5건을 목표로 한다.

[중간목표(제1단계)] 첫 일주일 동안 각자 50건의 전화 영업을 한다.

[중간목표(제2단계)] 다음 일주일 동안 5건의 가망고객을 방문한다.

[중간목표(제3단계)] 다음 일주일 동안 누계 10건의 가망고객을 방문하고, 협찬 광고를 1건씩 수주한다.

[중간목표(제4단계)] 다음 일주일 동안 누계 15건의 가망고객을 방문하고, 협찬 광고를 2건씩 수주한다. 그다음 주에도 동일하게 진행한다.

중간목표를 설정하면 최종목표까지의 기나긴 여정 속에서 마음이 해이해지거나 의욕이 저하되어 버리는 사태를 방지할 수 있다.

하지만 이것만으로는 부족하다. 각 중간목표에 도달했는지를 철저히 확인해야 한다. 만약 중간목표에 도달하지 못했다면 시정할 방법을 궁리해서 목표를 달성할 수 있도록 이끌어 주어야만 한다. 그렇게 하지 않는다면 중간목표를 설정하지 않은 것과 다를 바가 없다.

2. 확인 시기와 확인 장소는 명확하게 고정해 놓는다

중간목표를 확인하는 시기와 장소를 명확히 설정해 놓아야 한다. 이를테면 매주 월요일 9시에 미팅을 열고 그 자리에서 정기적으로 확인한다고 정해 놓는 식이다.

독자 여러분 중에는 '굳이 확인 장소를 따로 마련할 필요가 있나? 그때그때 보고하게 하면 되잖아?'라고 생각하는 사람도 있을지 모르겠다. 하지만 일이 바쁜 사장은 자신도 모르는 사이에 면담 식으로 진행되는 그때그때의 보고 내용을 소홀히 하게 되는 경우가 있다. "갑자기 부사장이 자료를 만들어 달라고 부탁해서…"라고 말하며 면담의 우선순위를 낮춰 버리는 것이다. 또한 사장이 "지금 시간 되나? 잠깐이면 되는데"라며 그때그때 불러서 보고를 받으면 직원으로서는 대답이나 질문을 즉흥적으로 수행할 수밖에 없게 된다. 이래서는 확인의 효과가 없다. 그러므로 확인의 시기와 장소는 명확하게 정해 놓아야 한다.

내가 추천하는 방법이 있다. 두 가지 회의를 설정하는 것이다. 한 가지는 주 1회의 전체 회의다. 이 자리에서 사장은 '어려움을 겪고 있는 점은 없는지, 진척 상황은 어떤지' 등을 각 팀에 물어보고 조언을 해 준다. 다른 한 가지는 매일 아침의 조례다. 이 자리에서는 참석자들 각자가 '자신이 업무를 진행하면서 깨달은 점이나 고민인 점' 등을 매일 이야기하게 한다.

"직원들이 내 말을 이해하지 못해", "직원들이 내 생각대로 움직여 주지를 않아"라고 말하는 사장은 많다. 하지만 겨우 한두 번 이야기하는 것으로 자신의 말이나 나아가고자 하는 방향이 직원에게 뿌리 깊게 인식될 것이라고 생각하는 건 오산이다. 사장은 계속해서 확인하고, 계속해서 피드백하고, 계속해서 말해야 한다.

이메일로 직원에게 말할 때
주의해야 할 3가지

● ● ●　　　이메일이 아주 편리한 업무 도구임은 분명하다. 비용이 들지 않고, 문서로서 이력이 남기 때문에 여러 번 확인해 볼 수 있다는 장점이 분명하다. 하지만 한편으로는 단점도 분명하다. 이메일로 직원에게 이야기할 때 주의해야 할 점들이 있다.

1. 중요한 안건은 직접 이야기한다

직원에게 이메일을 보내 놓았더라도 중요 업무 사항이라면 만나거나 전화를 걸어 직접 이야기할 필요가 있다. 오늘 혹은 당장 내일의 약속을 변경하는데 이메일로 연락을 하면 직원이 이메일을 제때 읽지 못할 우려가 있다. 이메일을 자주 확인하는 습관을 가진 직원이라 하더라도 하필 이메일을 확인할 수 없는 상황일 수 있다. 또한 메일함에 사내 메일이 많이 쌓여 있어 못 보고 지나치는 경우도 있다. 그러므로 '당연히 이메일이 전달되었겠지', '당연히 이메일을 읽었겠지'라고 전제해 버리는 것은 위험한 일이다. 그러니 급한 변경이 필요한 경우라면 직접 구두로도 알리자. 이메일만 보내는 것은 위험하다.

한번은 직원과 함께 영업을 가기로 약속하고 방문할 회사 앞에서 그를 기다리고 있었는데 시간이 되어도 직원이 나타나지 않았다. 직원에게 전화를 거니 "이메일을 보내 드렸는데 안 보셨나요?"라고 되물어 깜짝 놀랐던 적이 있었다. 이처럼 화급한 변경사항을 전달할 때뿐만 아니라 급한 업무를 부탁할 때는 이메일만 보내지 말고 "기한까지 끝낼 수 있을 것 같습니까? 혹시 이해가 안 되는 부분은 없습니까?"와 같은 사항들을 확인할 겸, 본인에게 직접 이야기를 하기 바란다.

2. 5W2H를 의식하면서 간결하게 적는다

이메일 발송 버튼을 누르기 전에 확인할 것이 있다. 5W2H가 메일 본문에 확실히 들어 있는지를 확인해야 한다. 특히 시간이 촉박해서 서두르고 있는 중이라면 이메일을 쓸 때 중요한 내용을 누락하기 쉽고, 말을 어렵게 혹은 모호하게 쓰기도 한다. 급할수록 돌아가라는 말을 명심하자.

아주 중요한 이메일이라면 발송하기 전에 프린터로 출력해 읽어 보는 것이 좋다. 종이에 출력해 보면 '받는 쪽의 시선'으로 읽을 수 있다. 그러면 자연스럽게 읽는 사람이 이해하기 쉬운 정확한 내용의 이메일을 보낼 수 있게 될 것이다.

3. 질책할 때는 이메일을 사용하지 않는다
: 감정을 낮춘다

이메일로 질책을 들으면 직원은 필요 이상으로 불안감을 느끼게 된다. 예전에 나는 해외 출장에서 돌아온 사장으로부터 금요일 밤늦은 시간에 이메일을 받은 적이 있다. "이번 달 전반기 매출이 이게 뭡니까? 각오하고 월요일에 출근하세요"라는 말이 적혀 있었다. 이메일을 읽은 나는 주말 내내 걱정에 시달렸다. 불안해서 잠도 오지 않았다. 그리고 월요일이 되자 출근 즉시 사장을 찾아가 "저번 주에 매출을 그것밖에 올리지 못해서 죄송합니다"라고 사과했다. 그런데 사장은 "그래요. 이번 주는 더 열심히 일해 봅시다!"라고 간단히 말할 뿐이었다! 불벼락이 떨어질 것이라 생각해 잔뜩 긴장했던 나는 맥이 풀려 버렸다. 혹시 사장이 깜박했나 싶어 "금요일에 이메일을 받고 정말 죄송스러웠습니다"라고 넌지시 말하며 눈치를 살폈는데 사장은 "이메일? 아, 그거. 그건 격려였어요"라고 대답했다. 나는 어이가 없어서 아무 말도 하지 못했다.

이메일로 그런 말을 전하면 직원은 필요 이상의 고민에 빠진다. 사장으로서 해서는 안 되는 행동이다. 질책을 해야 할 때는 이메일을 사용하지 않도록 하자. 이메일에는 상대의 얼굴 표정이나 말투가 동반되지 않는다. 그래서 같은 말이라도 여러 가지로 해석이 가능해진다. 이 때문에 오해가 빚어지기 일쑤다. 게다가 '재고'와 같은 다의어나 동음이의어가 이메일로 전달되면 메일 내용은 복수의 의미로 해석될 수 있다. 그래서 전하고자 했던 메시지가 '전달되지 않은 상태'에 머물기 쉽다.

이런 점을 늘 유의하며 이메일을 사용해야 한다. 특히 직원에게 피드백을 해야 하는 상황에는 이메일을 사용하지 않는 편이 좋다고 나는 생각한다. 칭찬을 하는 경우라면 이메일로 하더라도 내 사례와 같은 문제는 일어나지 않겠지만 이때도 역시 직접 직원을 만나 말로 칭찬한다면 그 메시지가 제대로 전달되고 말의 효과도 배가될 것이 분명하기 때문이다.

THE TONE OF THE BOSS

WHO MAKES A PROFIT

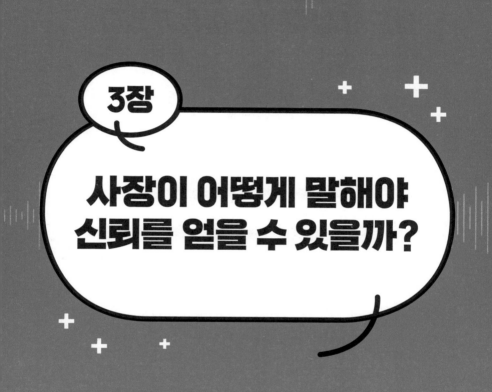

귀 닫은 사장이
반드시 실패하는 이유가 있다

● ● ●　　말을 조리 있게 하는 기술을 습득해야 말을 잘하는 사람이 될 것이라 생각하는 사람들이 여전히 많다. 물론 5W2H와 같은 기법을 사용해서 요점을 간결하게 전달한다면 어떤 말이든 상대에게 보다 잘 전달될 것이다.

그런데 말을 잘하는 사람이 되기 위해서는 한 가지를 더 고려해야 한다. 바로 상대방이다. 우리의 직원들은 저마다의 경험을 누적해 온 사람들이다. 또한 잘하는 분야와 못하는 분야도 각기 다르다. 예를 들어 자료를 파워포인트로 제작하도록 지시한다고 할 때 한 번만 간단히 말해도 제대로 이해하는 직원이 있는 반면, 반복해서 여러 번을 말해야 비로소 이해하는 직원도 있다.

직원들 각각이 가지고 있는 특징을 파악하고 그 차이를 이해해 효과적, 효율적으로 업무하기를 원하는 사장이라면 꼭 갖춰야 하는 능력이 있다. 바로 '듣는 능력'이다. 듣는 능력을 키운 사장은 직원들에게 자신의 말이 이전보다 효과적, 효율적으로 전달된다는 것을 실감하게 된다. 그러니 '듣는 능력'이란 '전달력'의 요소 중 하나인 셈이다.

'듣는 능력'을 높이자. 그러면 다음과 같은 부수적인 이점들이 함께 따라올 것이다.

1. 직원이 무엇을 알고 무엇을 모르는지 확실히 파악할 수 있다

직원이 가지고 있는 지식과 기술의 범위와 수준을 알게 되면 사장은 말을 할 때 어떤 부분에 중점을 두고 이야기해야 할지를 명확히 판단할 수 있다. 모든 직원에게 똑같은 설명을 반복하는 사장들이 있다. 설명을 듣는 직원으로서는 고역이 아닐 수 없다. 각 직원이 어떤 소양을 갖추고 있는지를 구체적으로 파악함으로써 그에게 알맞은 최적의 전달법이 어떤 것일지를 의식적으로 파악해 나가자.

2. 말을 마치면 직원의 질문이 이어진다

사장이 '말을 잘 들어 주는 사람'이라면 직원은 사장이 앞서 이야기했던 내용 중에서 이해가 제대로 되지 않았던 내용에 대해 질문을 하는 데 부담을 덜 느끼게 된다. 직원은 사장이 어떤 지시를 하거나 설명을 하기 시작하면 여러분이 생각하는 것 이상의 압박감에 사로잡힌다.

사장이 다소 신경질적인 분위기를 조성하면 직원은 사장의 말 중에 이해가 안 되는 부분이 있다거나 명확히 하고 싶은 부분이 있더라도 사장에게 질문하지 못하니 미진하게 이해한 상태에서 벗어나지 못한다. 괜히 질문을 했다가 화를 불러일으킬 수 있다는 그 가능성에 두려움을 느끼기 때문이다. 그렇게 제때 질문하지 못한 직원의 업무 진행 속도는 느릴 수밖에 없다. 혹은 사장이 생각한 것과 전혀 다른 방향의 결과물을 만들어 버리게 된다. 이런 문제는 직원의 잘못이라 탓하면 안 된다. 사장이 잘못해서 벌어진 문제이기 때문이다.

3. 직원이 업무에 주체적으로 임한다

사장이 직원의 말을 듣는 능력을 키워 나간다는 말은 곧 직원이 말할 기회를 계속 늘려 나간다는 말과 같다. 직원이 말을 더 하도록 유도해 나가다 보면 직원은 행동을 보다 주체적으로 하게 될 것이다. 사람은 누구나 '다른 사람의 지시를 받은 대로'

행동하기보다 '주체적으로' 행동하고 싶어 한다는 것을 기억하자.

자신의 생각을 말할 기회가 늘어난 직원은 보다 주체적으로 일하게 되어 업무 결과물의 질도 분명히 상승할 것이다. 그리고 다른 무엇보다도 급가속되는 건 바로 그 직원의 성장 속도일 것이다.

일단 직원의 말을
들어 보고 나서 말을 시작한다

● ● ●　　일을 진행시키기 위해 직원을 불렀다. 그 직원이 현재 내 앞에 서 있다. 이제 나는 지시를 내려야 한다. 어디에서부터 어디까지 말해야 할까? 그리고 얼마나 말을 해야 할까?

언제나 이것이 명쾌하게 머릿속에 떠오르지 않아 고민이라는 사장들의 말을 나는 정말 숱하게 들어 왔다. 사장이 된 지 몇 년 되지 않은 사람들은 물론이고 사장 자리에 오래 있었던 이들 중에도 이 고민으로부터 자유롭지 못한 이들이 많았다.

직원이 앞에 서 있으면 그에게 설명을 어디까지 해야 하는

지, 어디까지 업무를 맡겨도 될지, 이번 한 번의 지시에 업무를 어디까지 지시할지 등등 머릿속에 수많은 고민이 떠오르는데 돌파구를 좀처럼 찾기 어렵다고들 내게 토로했다.

아주 정성을 들여 설명해 주는 것도 이 경우에는 훌륭한 태도가 아니다. 직원에 따라 '그런 건 다 알고 있는데'라며 불쾌감을 느낄 수도 있기 때문이다. 반대로 너무 개략적으로 설명을 하면 직원은 업무에 착수하면서 불안감을 느낄 수 있다. 그러니 '어디까지 할 것인가?' 하는 이 문제는 생각보다 어려운 문제다.

이 문제를 해결하고자 한다면 이렇게 해 보자. 직원에게 지시사항을 말하기에 앞서 다음과 같은 사항을 필히 확인하자. "이 업무에 관해 어느 정도 알고 있습니까?", "지금까지 이 업무에 관해 들어 본 적이 있나요?", "실제로 이 업무를 해 본 적이 있습니까?" 특히 최근에 부서 이동이 있었던 직원이라든가 중도 입사한 직원 등 어떤 특별한 맥락을 갖고 있는 직원이라면 이런 사항들을 꼭 확인해 보아야 한다.

먼저 그 직원이 '할 수 있는 것과 못하는 것', '아는 것과 모르는 것'을 파악하자. 다만 그런 것을 하나하나 전부 확인할 수는 없다. 엄청난 시간이 걸릴 테니 말이다.

가능하면 업무매뉴얼이나 업무지시서를 미리 건네주고 사전에 읽어 보게 한 다음 모르거나 이해가 안 되는 부분에 대해 체

크하고 질문을 하게 하는 방법이 보다 효율적이고 타당하다. 이 방법을 사용하면 직원은 자신이 알고 싶은 부분을 선별하고 그 부분에 대한 궁금증을 해소할 수 있게 되므로 새 업무를 학습해 보려는 의욕 또한 높아진다.

이때 절대 하지 말아야 할 말에는 어떤 것이 있을까? "아니, 그걸 몰랐단 말입니까?", "그런 건 알고 있을 줄 알았습니다" 와 같은 말은 절대 금물이다. 사장이 그런 말을 하면 직원은 이제 입을 닫고 질문하기를 꺼리게 되어 업무에 문제가 발생하게 된다. 결국 사장의 말이 업무에 문제를 일으키는 셈이다.

직원에게 지시사항을 말하기에 앞서 위에서 이야기한 사항들을 물어 파악했다면, 다음과 같은 질문을 스스로에게 던지고 답하자. 그러면 이제 사장은 직원에게 자신의 말을 제대로 전달할 준비를 비로소 마친 것이다.

- 이 직원이 지금 가지고 있는 업무 지식이나 경험은 어느 정도인가?
- 이 직원이 이해할 수 있는 말의 범위와 분량은 어느 정도인가?
- 이 직원이 내 말을 수월하게 이해할 수 있게 하기 위해 사용하면 좋은 특별한 표현들이 있는가?

직원과의 커뮤니케이션이
질보다 양인 이유

● ● ● 혹시 이런 생각을 가지고 있지 않은가? '직원들과 정기적으로 회의하고 면담도 하고 있으니 따로 커뮤니케이션을 할 필요는 없어.' 하지만 다시 한번 생각해 보기 바란다. 누구든 공적인 자리에서는 본심을 말하기 어려운 법이다. 직원은 사장이 생각하는 것 이상으로 사장에게 압박감을 느낀다. 그러므로 직원들과 사장 간에 커뮤니케이션이 어떤 식으로, 어떤 방향으로 진행되는 편인지에 대해 사장 쪽에서 항상 의식하고 신경을 써야 한다.

직원에게 신뢰받고자 한다면 모든 직원을 공평하게 대하는 것이 중요하다. 여러분은 모든 직원을 공평하게 대하고 있는가? 이는 실천하기가 매우 어렵다. 자신도 모르게 대화하기 편한 직원에게만 말을 건넨다거나, 문제가 있는 직원에게만 신경을 쓰게 되기 때문이다. 또한 적극적으로 보고하며 상담을 요청하는 직원이라든가, 사장에게 함께 점심식사를 하지 않겠느냐고 묻는 그런 적극적인 직원들에 한정된 커뮤니케이션을 하고 있을 가능성이 높다.

과거에 나는 내가 이끌던 팀원들이 대거 이탈하는 사태를 겪은 적이 있다. 그때 내 팀에는 T라는 유능한 직원이 있었다. 매출 1위를 놓치지 않았을 뿐만 아니라 신입직원을 지도하는 일에도 매우 적극적이었던 직원으로 팀 내에서 2인자의 역할을 톡톡히 해 주는 직원이었다. 그런데 어느 날 T는 갑자기 사표를 내고 회사를 떠났다. 원인은 심한 스트레스였는데 나는 그가 스트레스에 시달리고 있다는 사실을 전혀 모르고 있었다. 당시 팀에는 젊고 영업에 익숙하지 않은 연차 낮은 직원들이 많아서 나는 그 직원들의 업무 역량을 높이는 데 몰두했고 T와는 커뮤니케이션을 하지 않았던 것이다. 그저 유능한 친구이니 걱정할 필요가 없다고 생각하며 마음을 놓고 있었다.

나중에 다른 사람을 통해서 들었는데 T는 나에 대해 "아직 미숙한 젊은 멤버들을 지도하느라 바쁘시다는 건 물론 알지만,

그래도 가끔은 내 이야기를 들어 주셨으면 했는데…"라고 말했다고 한다.

T의 이탈은 그를 따르던 다른 직원들의 이탈로 이어졌다. 지금 생각해 보면 내가 T에게 지도를 일임했던 직원들이 대부분 이탈했다. 이렇게 대규모 이탈이 발생하자 팀은 당연히 모든 면에서 엉망이 되었다.

하지만 이렇게 생각하는 분들이 있을 것이다. '나는 직원과 면담할 때마다 늘 충분히 대화를 하고 있으니 문제없을 것이다. 직원들의 면담 횟수도 공평한 편이다.' 하지만 면담을 통해 대화를 충분히 나누고 있으니 괜찮다는 생각은 앞에서도 말했지만 매우 위험하다. 공식적인 면담에서는 직원이 본심을 말하기 어려울 수 있기 때문이다.

'자이언스 효과(Zajonc Effect)'라는 행동 심리학 용어가 있다. 같은 사람이나 물건을 접하는 횟수가 늘어날수록 그 대상에 대해 좋은 인상을 품게 되는 효과다. 1968년에 미국의 심리학자인 로버트 자이언스(Robert Zajonc)가 실험을 진행한 뒤 이론으로 정립한 것인데 '단순 노출 효과(Mere exposure effect)'라고도 불린다.

그의 이론에 따르면 사람은 딱 한 번 세 시간 동안 대화한 상대보다 삼십 분씩 여섯 번에 걸쳐 대화를 나눈 상대에게 더 친밀감을 느낀다. 그러니 내용에 구애받지 말고 직원에게 말을 자주 걷자. 업무에 관한 것으로 대화 내용을 한정할 필요도 없다. 잡담이어도 무방하다. 바쁘다면 "수고했습니다", "좋은 아침입니다"와 같은 인사에 그치더라도 말을 하는 게 좋다. 어쨌든 상대방의 얼굴을 보고 말을 거는 횟수를 늘려 보자.

다만 이때 주의할 점이 한 가지 있다. 아무래도 말을 거는 빈도가 상대에 따라 달라지기 쉽다는 것이다. 이런 일은 벌어지지 않는 게 좋다. 한동안만이라도 직원들의 목록을 만들어 말을 건 횟수를 기록해 두기를 권한다. 그러면 A와 B에게는 이번 주에 20회나 말을 걸었는데 C에게는 3회밖에 말을 걸지 않았다는 사실을 깨달을 수 있을 것이다.

말을 걸기 수월한 상대와 그렇지 않은 상대가 있을 것이다. 또한 걱정이 되어서 주시하게 되는 직원이 있고, 마음이 놓여 자신도 모르게 신경 쓰지 않게 되는 직원이 있을 것이다. 이는 자연스러운 일이기 때문에 인위적으로 의식을 하지 않으면 편차가 어쩔 수 없이 발생하고야 만다. 그런 점을 염두에 두고 횟수를 기록해 보자. 어떤 직원에게 말을 적게 걸고 있는지를 확인하고 그에게 말을 거는 횟수를 늘려 보도록 하자.

이때 직원에게 말을 건 모든 횟수를 세는 건 의미가 없다. 직원에게 일부러 말을 건 횟수를 세고 그 횟수를 늘려 나가자. 당장 내일부터라도 꼭 실천해 보기 바란다.

난감한 상황도
유연하게 이끌고 싶다면
짬짬이 잡담하라

• • •　　당신은 직원과 대화를 좀 해 봐야겠다고 마음먹었다. 그리고 다음과 같이 평범한 질문을 던졌다. "요즘 어떤가요? 최근에 일하면서 곤란했던 점은 없습니까?" 친절하고 배려심 있는 질문이라 생각해서 이런 말을 꺼냈겠지만 이 질문은 친절한 질문도 아니고 상대를 배려한 질문도 아니다. 직원이 선뜻 뭐라 대답하기 어려운 질문이기 때문이다. 이런 질문을 받은 직원은 뭘 어느 정도로 대답해야 할지에 대해 고민하게 된다. 이런 질문은 실제로 아주 일상적으로 오가는 질문이지만 사장

과 충분한 신뢰 관계를 구축한 직원이 아니라면 쉽게 입을 뗄 수가 없는 그런 질문이기도 하다.

그러므로 커뮤니케이션을 하고자 한다면 잡담처럼 별다른 생각을 유발시키지 않는 가벼운 이야기들을 꺼내자. 이런 말을 들으면 어떤 사장은 이렇게 말할 것이다. "평소에도 잡담을 하려고 노력하고 있지만 대화가 도무지 이어지지 않습니다. 한번 말이 오가면 그것으로 대화가 끝나 버리고 마니⋯." 그래도 아무 말도 하지 않는 것보다는 말이 한 번 오가는 짧은 잡담이라도 하는 편이 낫다.

하지만 커뮤니케이션을 개선하고 싶다면 우선 직원을 어느 정도 파악하고 그와 대화하기 편한 관계를 구축하는 것이 순서일 것이다.

관계를 처음 다져 나갈 때 어떤 말을 하면 좋을까? '위로하는 말'을 사용해 보자. 사람은 '위로'하는 말을 들으면 상대에게 호감을 느낀다. 여러분이 피곤에 지친 채로 회사에 돌아갔을 때 A는 "날도 더운데 고생하셨어요"라고 말해 주고 B는 "수고하셨어요"라고만 말한다면 A의 말에 자신의 마음이 더 움직이는 것을 느낄 것이다. 사실 이 '위로의 말'을 넣기만 해도 상대는 호감을 가지기 시작하며 대화가 당장은 끊어지지 않을 가능성이 커진다.

다음의 두 가지 패턴을 비교해 보기 바란다. 여러분의 직원

이 점심시간에 도시락을 사 가지고 사무실에 들어온 상황이라
생각해 보자.

[패턴 A]

사장 "점심은 뭘 먹나요?"

직원 "도시락을 사 와서 먹으려 합니다."

사장 "그렇군요. 어떤 도시락입니까?"

직원 "○○의 간장 제육볶음 도시락입니다."

사장 "그곳 간장 제육볶음 도시락이 맛있기는 하지요."

[패턴 B]

사장 "점심은 뭘 먹나요?"

직원 "도시락을 사 와서 먹으려 합니다."

사장 "그렇죠. 이렇게 날씨가 더우면 밖에 나가서 걸어 다닐 용기가 좀
처럼 생기지 않지요."

직원 "네, 맞습니다."

　언뜻 보면 직원에게 질문을 많이 한 패턴 A가 B보다 나은 커
뮤니케이션처럼 보이지만 사실은 그렇지 않다. 오히려 점심시
간에까지 직원의 일거수일투족을 캐묻는 상사는 거북하게 느
껴질 수도 있다. 실제로 두 경우 중에서 패턴 B의 사장이 좀 더
나은 커뮤니케이션을 했다. "이렇게 날씨가 더우면 밖에 나가

서 걸어 다닐 용기가 좀처럼 생기지 않지요"라고 말하며 직원
의 상황을 이해하고 위로하는 말을 건넸기 때문이다.

상대를 위로하는 말을 섞는다는 이 한 가지만 우선 습관화해
보자. 커뮤니케이션이 개선되는 것을 분명 금세 실감할 수 있
을 것이다.

만약 잡담에 자신이 없다면 말하기 패턴을 몇 가지 준비해
놓으면 좋을 것이다.

"휴일에는 뭘 했나요?"
"몇 호선을 타고 다니지요?"
"○○역을 이용하시죠?"
"어제 축구 봤습니까?"

언론에서 뜨겁게 다뤄지고 있는 시사 소재들이 있다면 그것
도 아주 괜찮은 화제가 될 것이다. 스포츠에 관한 것이라면 많
은 사람이 관심을 갖는 국가대표팀 경기 같은 것이 좋은 화제
일 것이다. 특정 지역팀에 관한 이야기는 호불호나 관심사가
갈리지만 국가대표팀의 경기는 모두가 한마음으로 응원하기
때문이다.

이런 잡담을 통해 사장은 직원에 대해 알아 갈 수 있다. 그뿐
만 아니라 사장이 직원에게 자신을 드러낼 수 있다.

사장 "어제 있었던 월드컵 예선 봤나요?"

직원 "네. 정말 멋진 경기였습니다. 특히 손흥민의 슛은 감동적이었어요."

사장 "그러게 말입니다. 손흥민이 그 위치에서 그렇게 찰 줄은…. 축구를 자주 보는 편인가요?"

직원 "아닙니다. 국가대표 경기 정도만 봅니다."

사장 "그렇군요. 난 자주 봅니다. 사실은 고등학교 때까지 축구를 했었거든요. 고등학교 때 어떤 운동을 했나요?"

사장 "저는 야구를 자주 했습니다."

　이런 식으로 직원에 대한 정보를 알게 되었다면 앞으로는 야구를 소재로 잡담을 나눌 수 있을 것이다. 또한 업무 중에 어려운 설명을 해야 한다면 야구와 관련지어 설명할 수 있을 것이다. 이런 커뮤니케이션이 누적되면 사장과 직원의 거리가 가까워지고 인간관계 또한 긍정적으로 강화되어 나갈 것이다.

직원이 일하는 이유에
관심을 가지면
무엇이 달라질까?

● ● ●　　과거에는 직장인들의 인생 계획이 일률적인 편이었
다. 출세해서 더 많은 급여를 받고 집을 마련하는 그 과정이 모
든 이가 나아갈 길이었다. 그래서 사장들이 "열심히 일하면 급
여를 올려 주겠습니다"라고 말하면 다들 열심히 일했다. 또한
종신고용 제도와 연공서열 제도가 있었기에 열심히 노력하면
회사의 보호를 받을 수 있었고 급여는 점점 상승했다. 그러나
종신고용, 연공서열 제도가 붕괴되고 라이프스타일이 다양화
된 현재에는 직원을 다루는 일이 예전처럼 간단하지 않다.

게다가 직원을 위로하고자 "한잔하러 가실까요?" 하며 술집에 데려가는 일도 이제는 녹록한 일이 아니다. 최근에는 술을 마시지 않는 사람도 늘어났고, 사장과 술을 마시러 가기보다는 일찍 귀가해서 가족과 시간을 더 보내고 싶어 하는 사람이 대부분이다. 그리고 기왕 술을 마실 거라면 마음이 맞는 동료와 가고 싶다고 생각하는 사람이 많다.

그렇다면 새로운 방법이 필요하다. 근본적으로 생각해 보자. 어떻게 커뮤니케이션을 해야 직원의 마음을 움직일 수 있을까? 직원이 자신의 장래에 대해 어떤 상을 그리고 있는지를 파악하고 그것에 발맞추며 커뮤니케이션을 해 보자. 이를 위해서는 '직원이 일을 하는 이유'를 우선 알아야 한다. 그러니 다음과 같은 질문에 답을 얻어 보자.

'이 직원은 지금의 직업을 왜 선택했는가?'
'이 직원은 일을 통해 무엇을 충족하고 있는가?'
'이 직원은 장래에 어떤 일을 하고 싶은가?'

오늘날 개개인은 저마다 다른 가치관을 가지고 있고 일을 하는 동기도 개인마다 천차만별이다. 그것을 파악하면 직원의 마음을 움직이는 괜찮은 커뮤니케이션을 할 수 있다.

- 일찍 돌아가서 가족과 시간을 보내고 싶어 하는 직원에게는 업무에 드는 시간을 단축할 방법을 궁리하면 정시에 퇴근할 수 있다고 말한다.
- 장래에 기획부에서 일하고 싶어 하는 젊은 영업사원에게는 새로운 기획을 구상해 제출하도록 지시한다.
- 언젠가는 독립하고 싶다고 생각하는 직원에게 일을 부탁할 때는 "독립했을 때 도움이 될 만한 업무입니다", "인맥을 구축할 수 있을 겁니다"와 같이 동기를 부여하면서 일을 맡긴다.

이처럼 과연 어떤 것이 직원으로 하여금 일을 하게 하는지 그 동기를 사장이 파악하고 있다면 업무를 지시하거나 설명할 때 강조점을 설정할 수 있으니 말하기가 수월해질 뿐 아니라 직원의 의욕 또한 끌어올릴 수 있다.

다만 무엇을 위해서 일하고 있는지를 물어보아도 대답을 하지 못하는 직원들이 분명 있다. 아직 삶의 비전을 찾지 못한 직원에게는 비전을 설정하는 요령을 사장이 가르쳐 주면 된다. 다음과 같은 질문을 통해 직원의 비전을 찾아 주고, 그 비전과 연관성이 높은 업무를 맡겨 보도록 하자.

- 어렸을 적이나 학창시절에 시간 가는 줄도 모르고 몰두했던 일이 있었나?
  ▶ 이것이 직원의 가치관과 밀접할 것이다.

- 하고 있으면 스트레스가 쌓이는 일이 있나?

  ▶ 이것은 직원이 잘하지 못하는 일이라거나 가능하면 하고 싶지 않다고
  생각하는 일이다.

- 주위의 사람들은 고생하는데 자신은 쉽게 해내는 일이 있나?

  ▶ 직원이 가지고 있는 재능과 관련 있다. 이 재능을 살릴 수 있는 업무를
  주자.

- 자신보다 열 살 정도 연상인 사람들 중에 닮고 싶다 생각하는 대상이
  있나?

  ▶ 그를 롤모델로 삼아 볼 것을 권하자.

어쩔 수 없이
어려운 지시를 내려야 한다면

● ● ●　　사장은 자신의 뜻대로 회사를 이끌어 나가는 것 같지만 사실 그렇게 하지 못하는 때도 많다. 외부의 메시지에 순응해야 하는 때가 있기 때문이다. 이 외부의 메시지를 번역해서 직원에게 전하는 일도 사장의 일이다. 어떤 경우에는 오로지 시장 동향에 맞춰 가며 업무를 지시해야 하고, 또 어떤 경우에는 외부 고객사의 요구 사항에 따라 업무를 지시해야 한다. 이때 사장은 지시가 추상적이지 않도록 해야 한다. 외부의 요구를 직원에게 그대로 전하는 게 아니라 직원이 당장 특정한 업

무에 돌입할 수 있도록 구체적인 말로 바꿔 전달해야 한다. 이는 번역과 비슷한 일이다.

외부의 요구를 직원에게 그대로 이야기하고, 무엇을 어떻게 해야 하는지에 대해서는 직원이 스스로 구안하도록 미뤄 버리는 사장도 분명 있을 것이다. 하지만 이런 사장은 자신의 임무를 포기한 배임 사장이라고 해도 과언이 아니다.

그렇다면 어떻게 해야 할까? 외부의 특정한 요구가 있는데 그 요구 사항을 나 개인적으로는 정말로 수긍하고 싶지가 않다. 하지만 이 요구를 회사 내부에서 받아들여 일을 해야만 한다. 이런 상황에서 사장이 자신의 직원에게 말을 꺼낼 때는 모든 상황을 구구절절 말할 게 아니라 필요 사항들을 구체화, 항목화, 업무화해 말해야 하며 이것이 일종의 방침이라는 메시지를 직원에게 분명히 전달해야 한다. 외부의 요구를 사장이 번역하여 직원에게 새로운 언어로 구체적으로 전달해야 한다는 말이다. 사장이 자신의 의견이나 생각, 감정을 강조해 전달하면 회사는 하나의 조직으로서 외부와 유기적으로 기능할 수 없기 때문이다.

만약 '외부의 요구사항은 명백하게 잘못됐다. 이건 내가 평소라면 물러설 수 없는 사항이야'라는 생각이 든다면 사장은 직원에게 이런 말을 덧붙여 전달하도록 하자. "나는 이 방침에 동의하지 않습니다. 그런데 외부의 이 요구를 반영하지 않는다면 우리 회사에 큰 타격이 예상되는 실정입니다. 그러니 이번에는 따라 주기 바랍니다."

이와 관련된 한 가지 사례를 소개하겠다. 예전에 내가 몸담았던 회사에서 신상품 개발 프로젝트의 리더를 맡았을 때 있었던 일이다. 나는 직원들 그리고 외부 협력사 등과 협의하며 일을 진행해 나가고 있었다. 잘 팔리는 좋은 상품이 탄생할 거라는 예감 속에서 모두가 활기차게 일하고 있었다.

그러던 중, 리먼 브라더스(Lehman Brothers) 사태가 발생해 몇몇 클라이언트가 거래를 축소해 버렸다. 이에 따라 회사의 매출은 대폭 감소했고 그 영향으로 인해 경영진으로부터 이번 프로젝트를 중지하라는 통보가 내려왔다. 당연히 나는 수긍할 수가 없었다. 매일 밤늦게까지 열심히 일하고 있는 직원들과 협력사에 말을 뭐라고 해야 한단 말인가? 회사 윗선의 지시에 따라 "리먼 브라더스 사태의 영향으로 회사에서 프로젝트를 중지하라는 지시가 내려왔습니다. 방침에 따라 프로젝트를 중지하겠습니다"라고 말한들 직원들은 받아들이지 못할 것이 뻔했다. 직원들은 리더인 나를 '줏대 없이, 저항 없이 회사가 시키는 대로만 하는 사람'이라고 경멸할 것이며 향후 팀의 사기는 크게 꺾일 것이 분명해 보였고, 자칫하면 아무도 내 말을 듣지 않게 될지도 모른다는 생각이 들었다.

그렇다고 해서 상부가 중지하라고 지시한 프로젝트를 계속할 수도 없다는 것이 문제였다. 나는 상부의 지시를 어떻게 번역해 직원들에게 전달할지를 열심히 궁리했지만 나 자신도 이 프로젝트의 중지를 반대하는 입장이었기 때문에 번역을 제대로 해낼 수가 없었다.

고민 끝에 나는 회사의 방침을 직원들에게 알리며 "이 방침은 내 생각과 다릅니다"라는 말을 힘주어 덧붙였다. 내 생각이 상부의 지시가 다르다는 사실을 전달함으로써 직원들에게 내 입장을 명확히 표명한 것이었다. 하지만 나는 상부의 방침을 직원들에게 전달해 버린 이상, 그 방침을 실행하는 데 솔선수범해야 했다. 직원들이 협력사에 사과를 하러 갈 때는 함께 가기를 자처했다.

직원들은 내 처지를 이해하고 열심히 나를 따라 줬다. 만약 이때 내가 "여러분이 하는 말은 이해합니다. 하지만 회사의 방침이 이러니 어쩌겠습니까? 매출이 심각한 상황에서 투자를 계속할 수는 없으니…" 같은 식으로 무의미한 말만 늘어놓았다면 직원들은 회사의 방침도, 나도 이해해 주지 않았을 것이다. 상부의 방침을 실행하기를 거부한다거나 제대로 이행하지 않았을 것이다.

직원이 수긍하기 어려운 지시나 방침을 전달하고자 한다면 사장은 "이는 사실 내 생각과는 다릅니다"라는 말을 덧붙이는 게 좋다. 다만 자신의 생각과 다른 그 방침을 참고 실행하는 데에 누구보다 솔선수범해야 한다.

또한 수긍할 수 없는 외부의 요구가 있을 때는 이를 직원에게 꼭 전해야만 하는지 여부를 우선 판단해 보자. 이를 굳이 직원에게 전하지 않아도 업무가 가능하다면 전하지 않는 것도 좋은 선택이다. 직원의 염려와 거부감을 불필요하게 불러일으키는 것은 여러모로 바람직하지 않기 때문이다.

THE TONE OF THE BOSS

WHO MAKES A PROFIT

4장

사장이 이렇게 말하면
직원의 능력이
2배 올라간다

직원을 설득하면 안 된다. 납득시켜야 한다

● ● ●　　두 회사에서 실제로 있었던 일을 소개해 보려 한다. 이 두 회사는 동일한 물건을 생산하고 있었는데 대체재가 등장할 조짐이 보여 당장의 영업실적을 높이고 새롭게 나아갈 길을 모색해야 하는 상황이었다. 따라서 두 회사는 모두 그해의 매출 목표를 상향 조정해야 했다. 당연한 말이지만 회사의 매출 목표가 상향 수정된다는 것은 직원 개개인의 매출 목표 또한 상향 수정된다는 것을 의미한다. 사장 A와 B는 이를 직원들에게 알리며 서로 대조적인 방식으로 접근했다.

A는 여러 번 이야기하는 건 시간 낭비라고 생각했다. 직원들과 딱 한 번씩만 면담을 하되 열의를 담아서 직원을 설득하기로 했다. 그리고 어떻게 하면 직원들을 납득시킬 수 있을지를 궁리한 끝에 회사의 상황을 설명하는 쪽으로 가닥을 잡았다.

"아무래도 내년부터는 올해 같은 시장 상황이 아닐 것 같습니다. 그러니까 우리의 올해 실적으로 버팀목을 만들어 두어야 합니다. 다른 회사들도 이를 예상하고 이번 해에 좀 더 고군분투하고 있지 않습니까?"

이런 말로 A는 직원들을 열심히 설득했지만 직원들의 반응은 생각보다 미적지근했다. 그러나 A는 설득에 더 시간을 들일수는 없다고 생각했다. 그래서 A는 내키지 않는다는 듯한 표정을 짓고 있는 직원에게 한마디를 덧붙였다. "시장 상황이 그러하니 다른 수가 없습니다. 따라 주세요."

한편 B는 직원들이 이 변화를 충분히 납득하고 그것을 바탕으로 새로운 행동에 돌입하지 않는다면 그들의 생산성은 결국 변화하지 않을 거라고 생각했다. 그리고 이미 설정해 놓았던 개인의 목표를 상향 수정시키는 일은 단 한 번의 면담으로는 납득시키기 어려운 일이라 판단했다. 그래서 B는 직원의 의견에 귀를 기울이는 태도를 끝까지 유지하면서 대화를 여러 차례 거듭함으로써 직원과 회사의 의견 차이를 메워 나갔다.

직원들의 관심사는 애초부터 회사의 목표보다는 개인의 목표에 집중되어 있기 마련이다. "회사 전체의 목표치에도 관심을 가지십시오"라고 말한들 여전히 자신의 목표가 더 신경 쓰일 수밖에 없다. 그래서 B는 단 한 번으로 대화를 끝내면 안 된다고 생각했다. 우선은 목표 수치를 왜 상향 수정하게 되었는지를 직원에게 전한 뒤, 그의 불만을 세심하게 경청했다. 그런 다음 회사로서, 리더로서, 상사로서 그 직원에게 기대하고 있는 바가 무엇인지를 이야기했다. 그리고 B는 회사의 필요를 직원에게 일방적으로 강요하지 않았고 직원의 요구를 반영할 방법을 함께 모색해 나가자는 자세를 유지했다. 서로가 납득할 수 있는 지점에 도달할 때까지 대화를 끈질기게 거듭했다.

두 회사의 결과는 달랐다. A의 회사에서는 직원들의 반발이 지속되었고 영업 성적도 오르지 않았다. B의 직원들은 상향 수정된 목표를 달성하는 데 성공했다.

본래 인간에게는 '설득당하고 싶지 않다'는 심리가 있다. 자신의 의견이나 행동을 스스로 결정하고 싶어 하기 때문이다. 어떤 이가 나를 설득하고 있다면 그는 내가 그를 따르게 만들기 위해서 수단과 방법을 동원하며 공을 들이고 있다는 것을 의미한다. 상대방이 그럴듯한 말로 나를 구슬리고, 그런 뒤에는 내가 이전과 다르게 행동하게 되는 상황은 그 자체로 불쾌하다.

그러니 상대방의 설득에 넘어간 뒤 어떤 행동을 하게 되더라도 머릿속은 계속 복잡하다. 결국 '어쩔 수 없으니 형식적으로만 한다' 아니면 '하지 않겠다' 같은 마음을 먹게 되기 십상이다. 당연히 좋은 결과가 이어지지 않는다. 강제력을 동원해 직원을 설득하고 행동하게 하더라도 직원은 '강요당했다'는 느낌에 사로잡혀 능동적으로 행동하지 못한다.

'납득시키는 것'은 설득하는 것과 다르다. 납득을 한다는 것은 상대방의 말이나 행동, 형편 등을 잘 알고 긍정하며 이해한다는 것을 의미한다. 그러니 기본적으로 납득이란 말을 듣는 이가 도달하는 어떤 지점이다. 테이블을 사이에 두고 앉은 C와 D를 떠올려 보자. C가 D에게 열변을 토하고 있는 상황이라면 설득이란 C가 하고 있는 행동이고 납득이란 C의 말을 듣고 있는 D가 도달할 수도, 도달하지 못할 수도 있는 어떤 지점이다. 그러니 직원을 납득시키고자 한다는 것은 직원이 사장의 생각과 상황을 긍정적으로 이해하는 데 이를 수 있도록 하기 위해서 노력한다는 것을 의미한다. 직원은 사장의 설득을 듣고 있자면 '이해를 강요당하는' 느낌을 받지만 자신을 납득시키고자 하는 사장의 말을 듣고 있자면 '나의 이해를 얻기 위해 노력하는 상대방'을 보게 되는 것이다. 그런 과정을 통해 결국 납득된 직원, 즉 변화를 '긍정적으로 이해한' 직원은 능동적으로 행동하며 더 좋은 성과를 낸다. '변화에 대한 이해를 강요당한' 직원은 새로운 상황에 능동적으로 행동할 수 없다.

직원을 납득시키려면 말을 어떻게 해야 할까? 포인트는 다음과 같다.

1. 이야기를 한 번에 끝내지 않는다
여러 번 거듭 이야기한다

이런 건 시간 낭비가 아니냐고 지금까지 생각해 왔을 수도 있다. 하지만 횟수를 거듭하며 대화를 나누면 관계 강화의 효과가 동반되기 때문에, 현재의 안건 외 다른 업무에서도 상승효과가 일어난다.

2. 우선, 직원의 처지를 이해한다

직원의 이야기에 귀를 기울이고 직원의 입장에서 생각을 하면서 대화를 하면 직원이 납득할 가능성이 높아질 수밖에 없다. 인간은 로봇이 아니기 때문에 "잠자코 시키는 대로 해!"라고 윽박질러서는 의욕이 저하되고 만다. 이야기를 들어 주기만 해도 직원이 자신의 주장을 굽혀 주는 경우가 있다. 상대가 내 의도를 이해해 주기를 바란다면 '상대를 이해'하는 게 우선이다. 이것이 상대방을 납득에 이르게 하는 핵심 전제조건이다.

어떤 사장으로
각인될 것인지가 관건

●　●　● 　직원을 납득시키는 사장이 회사를 성장시킬 수 있다고 바로 앞에서 이야기했다. 여기에서는 그와 관련된 한 가지 핵심 사항을 이야기하고자 한다. 바로, 사람들은 말의 내용보다도 말하는 이가 어떤 사람인지를 더욱 중시한다는 것이다. 사례를 하나 들어 보겠다.

두 명의 사장이 있었다. 이들은 대조적인 성향을 가지고 있었다. A는 열혈 사장으로서 최단 시간, 최대 효과를 지향하는 사람이었다. 낭비나 비효율을 끔찍하게 싫어했다. 평소에 지시를 내릴 때는 직원이 잘 모를 수도 있다는 생각을 가지고 사소한 부분까지 논리적으로 이야기했다. 다만 커뮤니케이션은 최소한으로만 했고 일방적으로 지시만 할 뿐 직원의 이야기에 귀를 기울이는 일은 거의 없었다.

한편 B는 평소 직원들과의 커뮤니케이션을 중요하게 여겼다. 때로는 직원의 불평을 끝도 없이 들어 주어서 언뜻 믿음직스럽지 못하다는 느낌을 주기도 했고, 웃으면서 실없는 농담을 할 때도 많아 그가 평소 교류하고 있던 다른 사장들은 그가 사장으로서의 진중함이 부족하다며 눈살을 찌푸리기도 했다.

그런 대조적인 사장이 이끄는 두 회사의 성과는 어땠을까? A의 회사는 목표 달성에 자주 실패했지만 B의 회사는 언제나 목표 달성에 성공했고 계속해서 성장해 나가고 있다. A의 직원들은 늘 다소 소극적인 편이나 이에 비해 B의 직원들은 짧은 지시, 급박한 지시에도 항상 능동적으로 행동한다.

왜 이런 결과가 빚어진 걸까? 전달 방식은 다소 다를지라도 지시하는 내용은 크게 다르지 않았을 텐데 말이다. 원인을 단한 가지로 압축해 보자. A는 직원들의 신뢰를 받지 못했지만 B는 직원들의 신뢰를 받고 있었다. 그리고 이것이 원인으로 작용하여 A의 직원들과 B의 직원들의 적극적인 업무 태도에 있어 유의미한 차이가 유발되었던 것이다.

사람들은 말에 집중할 때 말의 내용보다 누가 말하는지에 좌

우된다. 자신이 사장을 신뢰하고 긍정적으로 바라보고 있다면 그의 말을 귀 기울여 듣고 그의 지시를 잘 이행해 내기 위해 열심히 노력하지만, 그다지 신뢰감이나 애정이 느껴지지 않는 사장을 위해서는 최고의 노력을 들이는 일이 번거롭게 느껴지기 마련이다. 단정적으로 말해 보자면, 신뢰할 수 없는 사장의 지시는 듣기가 싫은 것이다. 듣는 시늉은 잘 해내더라도 실제 업무를 능동적으로 해내지 못한다. 평소에 직원들의 이야기에 제대로 귀를 기울이지 않는 사장이 어떤 때를 잡아 이때만 자신의 말을 들으라고 한들 직원들이 제대로 따라 줄 리가 없다.

한편 신뢰하는 사장을 위해서라면 직원들은 사장이 다소 무리한 요구를 하더라도 자발적으로 최선을 다해 행동한다. 조금 논리적이지 못한 지시라 해도 일단 따라 주는 것이다. 이렇게 감정은 논리보다 강하다.

그렇다면 어떤 사장이 직원에게 신뢰받을까? 포인트는 다음의 세 가지다.

1. 실패담을 공유할 수 있는 사장

사회생활을 막 시작한 신입사원에게 있어서, 일을 가르쳐 주는 선배나 상사, 사장은 많은 경험과 기술을 보유한 이른바 동경의 대상이다. 그런 동경의 대상이 자신의 실패담을 이야기하면 듣는 이는 상대를 더욱 신뢰하게 된다.

성공담이 아니라 실패담에서 신뢰가 나온다는 말이다. "나는 이런 실수를 한 적이 있습니다" 같은 실패담을 자발적으로 공개하기 바란다. 성공담이나 자랑은 의미가 없다. 상대방은 '이 사람은 원래부터 대단한 사람이었구나'라고 생각하게 될 뿐이니 돈독한 신뢰감을 쌓는 일과는 거리가 좀 먼 셈이다. 오히려 직원이 가까이 다가오지 못하게 될 가능성도 있다.

사장이 자신의 실패담을 직원과 공유하면 직원은 '사장 자리에 있는 사람도 그런 실수를 하며 사회생활을 해 왔구나. 나하고 똑같네'라고 공감하면서 상대방에게 어떤 특별한 감정을 느끼게 된다. 바로 신뢰감과 애정이다.

2. 말을 바꾸지 않는 사장

말에 일관성이 없는 사장은 직원으로부터 신뢰받을 수 없다. "이 일을 해 놓으십시오"라고 아침에 지시해 놓고서는 점심이 되자 "그 일은 이제 하지 않아도 됩니다"라며 말을 바꾼다면 직원으로서는 맥이 빠지고 혼란스러울 수밖에 없다.

지시를 변경해야만 하는 상황도 분명히 있다. 하지만 그런 경우에는 지시가 왜 변경되는지 그 이유를 직원에게 분명히 말해야 하며, 그런 상황이 자주 발생한다면 업무 구조에 문제가 있는 건 아닌지 고민하여 개선해야 한다.

3. 직원을 차별하지 않는 사장

똑같은 일을 했는데 어떤 직원은 사장으로부터 상찬을 받고 어떤 직원은 받지 못한다고 생각해 보자. 이렇게 직원들을 공정하게 대하지 않는 사장을 직원들은 신뢰하지 않는다.

일을 야무지게 하지 못한다고 생각되는 직원, 일하는 요령이 아직 없다고 생각되는 직원이 있다면 사장은 의식적으로 노력하지 않는 이상 그 직원을 차별하게 된다. 하지만 그래서는 안 된다. 그 직원을 대하는 사장의 모습을 지켜본 직원들이 사장을 신뢰하지 않을 것이기 때문이다. 사장이 직원을 파악하는 데에는 3개월이 걸리지만 직원이 사장을 파악하는 데에는 3일이면 충분하다는 말이 있다. 사장의 차별은 구성원들을 동요시키고 자신의 위신을 낮추는 일이니 절대 그러지 않도록 주의하자.

직원들에게 프로젝트를 스토리텔링하는 것도 기술

● ● ●　　당신의 회사에서 어떤 프로젝트를 추진해 보기로 지금 막 결정했다고 하자. 그리고 당신은 당신의 직원들을 격려하고, 그들의 사기를 북돋아 주고 싶었다. 그래서 이렇게 말했다. "어쨌든 결정된 일이니 힘내 주십시오." 이 말을 들은 직원들의 사기는, 그리고 동기는 과연 높아졌을까? 아마 아닐 것이다. 이 말 한마디로는 직원을 납득시키지 못할 것이므로 이 말로 인해 직원이 앞으로 능동적으로 업무에 임할 것이라 생각한다면 큰 오산이다. 어떤 말을 하면 직원이 보다 적극적으로

업무를 진행하고 싶어질까? 직원에게 일이 진척되어 온 경위를 분명하게 전달해 보자. 이때 시간 순서에 따라 이야기를 정리해 전달하면 직원의 이해와 흥미를 북돋을 수 있다.

어느 여행사의 예를 들어 설명해 보겠다. 이 회사의 사장은 가을 시즌 2개월 동안 'A시에 위치한 온천 숙박 상품'을 중점적으로 판매해 보고자 한다. 그렇다고 해서 직원들에게 다짜고짜 "A시에 있는 온천 숙박 상품들을 중점적으로 판매합시다"라고 말한다면 직원들의 저항에 부딪힐 가능성이 있다. 그 회사에서 A시 온천의 판매 실적이 다른 지역의 온천에 비해 상당히 우수했다거나 그 온천 자체가 경쟁력이 있는 여행 상품이라면 이야기는 다르지만 이 경우는 그런 상황이 아니었다. 사장이 직관적으로 가능성을 간파하여 추진해 보고자 하는 일이었다. 그러니 이제 직원들은 B 지역의 온천 상품이 낫지 않느냐, C 지역의 상품이 좋지 않으냐 하는 반론을 내놓게 될 것이었다. 좀 더 단가와 이익률이 좋은 상품들을 직원들이 열거할 것이었다.

이런 상황에서 그 회사의 사장은 어떻게 직원들을 움직일 수 있었을까? 그는 자신이 왜 'A시'의 '온천' 상품을 팔고자 마음먹게 되었는지 그 경위를 차근차근 직원들에게 이야기해 주었다. 과거에서부터 지금에 이르기까지 자신이 해 왔던 생각의 과정을 순서에 따라 스토리로 만들어 직원들에게 설명한 것이다.

스토리는 사람의 마음을 움직인다. 그는 다음과 같은 스토리를 직원들에게 전했다.

"석 달 전에 내가 콘퍼런스에 갔던 것을 기억하나요? 그때 나는 올해 가을 신상품은 어떤 것으로 해야 할지 궁리하느라 여념이 없었습니다. 콘퍼런스 중간에 나는 점심을 먹으러 혼자 식당에 갔습니다. 옆에 혼자 앉은 사람이 있어서 먼저 말을 걸어 보았죠. 그는 A시에 있는 한 대형 숙박시설의 영업 부장이더군요. 우리는 KTX 열차에 관한 이야기를 나누게 되었습니다. KTX가 개통되면서 KTX가 정차하는 역의 여행객은 크게 늘었는데 A시는 KTX가 서지 않고 통과해 버리니 오히려 여행객이 줄었다더군요. A시에는 좋은 온천도 있고 단풍이 절경인 곳도 많아서 좋은 관광 자원이 꽤 풍부한데도 오는 사람이 없다는 겁니다.

나는 그때서야 내가 여행사를 운영하고 있다는 이야기를 꺼냈습니다. 그러자 그는 이 어려운 상황을 하루빨리 극복하고 싶은 마음뿐이니 도와달라며 일시적인 적자를 각오한 파격적인 가격을 나에게 제시했습니다. 게다가 그 콘퍼런스에 나와 함께 참여하고 있던 우리 신입사원 준영 씨와 2년 차 지민 씨가 그곳에서 후속 미팅을 바로 진행하며 애써 준 덕분에 A시의 특산품을 우리 고객들에게 사은품으로 제공하겠다는 약속을 추가로 받아냈습니다.

젊은 사원들이 이렇게 애를 썼으니 이 A시의 온천 상품을 한번 제대로 팔아 보고 싶다는 게 내 생각입니다. 앞으로 상황을 어떻게 바꿔 나갈 수 있을지, 우리의 힘을 한번 쏟아 볼 만하지 않습니까? 어떻습니까?"

이처럼 프로젝트와 관련해서 이미 일어났던 일들을 시간순으로 스토리텔링해 이야기하면 직원들은 업무의 맥락을 단번에 이해할 수 있을 것이고, 업무 자체에 그리고 사장에게 공감하는 마음을 싹틔울 수 있을 것이다.

사장이 "이번에는 A시의 한 온천과 협업을 하게 되었습니다" 라고만 말했다면 어땠을까? "아, 그렇습니까? 알겠습니다" 정도의 대답뿐 사장이 얻을 수 있는 건 없었을 것이다.

연차 상관없이
직원의 궁금증은
즉시 해결해 줘라

●　●　● 　직원들에게 전에 없던 새로운 지시를 내리는 상황이
라고 생각해 보자. 이때 지시사항만 간단히 말하고 자리를 파
한다면 이는 사장으로서 괜찮은 말하기를 했다고 보기 어렵다.
그렇다면 무엇이 더 필요할까? 새로운 지시를 할 때는 지시사
항, 즉 결론만 이야기할 게 아니라 '왜 이런 지시를 하는가?'에
대한 해답을 직원들에게 분명히 제시해 주어야 한다.

　온라인 플랫폼 서비스를 제공하는 두 회사가 있었다. 각 회사
의 사장 A와 B는 비슷한 시기에 같은 고민에 빠졌다. 직원들에

게 "신규고객 유치에 힘을 쏟읍시다"라고 말해야 했기 때문이다. 이 당연한 말이 왜 고민거리가 될까? 사장인 A와 B는 오랫동안 직원들에게 기존 고객에 대한 판매량을 늘리는 방법으로 매출을 높여야 한다고 강조해 왔기 때문이었다. 매출 상황과 시장의 변화를 면밀히 분석해 본 두 사장은 이전과 다른 새 방침을 하루빨리 신속하게 적용해야 한다는 결론에 이르렀다.

A는 어느 날 아침에 직원들을 몰아 놓고 "우리 회사의 영업이 부진을 면치 못하고 있습니다. 이를 만회하려면 신규고객을 유치해야 합니다"라고 말했다. '신규고객 유치에 힘을 쏟아라'라는 말을 느닷없이 꺼내 버린 것이다. 직원들은 며칠 전까지도 기존 고객에게 힘을 쏟으라는 지시를 했던 사장이 갑자기 신규고객 유치에 힘을 쏟으라는 말을 던지자 회사 전체의 방침을 손바닥 뒤집듯 뒤집어 버리는 A에게 불신을 품게 되었다.

A의 직원 입장에서는 새로운 방향의 업무에 의욕을 가지기 어렵다. 그저 의무적으로 업무를 처리하게 되니 좋은 결과를 내는 일은 요원할 것이다. 어느 날 아침에 갑작스럽게 방침이 뒤집혔으니 직원은 '보아하니 어제저녁에 누군가를 만나 무슨 얘기라도 들었나 보군. 사장은 분명한 자기 생각이 없는 건가?'라고 생각할 수도 있을 것이다. 혹은 사장이 일시적으로 변덕을 부리는 것일 수도 있으니 당장은 새로운 방침에 진지하게 임하지 말아야겠다고 멋대로 생각해 버릴 수도 있을 것이다.

결론만 말해 버리면 이처럼 문제가 이어진다. 분명히 말은 했지만 메시지는 상대방에게 '전해지지 않은 상태'에 머문다. 사람들은 본인이 납득하지 못한 일에 쉽사리 움직이지 않는다.

B는 직원들을 모아 놓고 먼저 이렇게 말했다.

"매출이라는 건 단가 × 판매 수량이죠. 매출을 올리기 위해서는 단가를 올리거나 판매 수량을 올리거나 둘 중 하나는 해야 한다는 말이 됩니다. 그래서 지난달까지 우리는 기존 고객에 대한 판매 수량을 높이려고 다 함께 힘써 왔습니다. 그런데 이렇다 할 결실을 맺지 못했습니다. 그래서 이번 달에는 신규고객 유치를 적극적으로 해보려고 합니다."

둘 중 누구의 메시지가 직원에게 제대로 전달되었을까? 당연히 B일 것이다. B는 '갑자기 왜 신규고객 유치를 적극적으로 해야 하는가?'에 대해 이유를 들며 논리적이고도 분명하게 설명했다. 그때까지 강조해 왔던 방침을 뒤엎은 것은 A와 B가 동일하지만 B는 직원들의 머릿속에 강력하게 떠오른 궁금증을 단숨에 해소해 주었다. 새로운 방침이 필요한 이유를 간결하고 명확하게 제시함으로써 말이다. B처럼 이유를 분명하게 설명하면 지금까지 유지해 왔던 방침을 뒤엎을 필요성이 직원들에게 분명히 전달될 수 있으니 직원들은 새로운 방침에 즉각적으

로 진지하게 임해 줄 것이다.

納득하고 자발적으로 행동하는 경우와 '강요당한다는 느낌'을 받으면서 어쩔 수 없이 행동하는 경우는 결과에 있어서 차이가 크다. 그러니 사장이 직원들의 머릿속에 떠오른 '왜?'에 분명하게, 정성껏 답해 주는 일은 자신의 직원들로 하여금 업무의 필요성을 납득하고 자발적으로 행동하게 함으로써 회사의 매출을 보다 확실하게 끌어올릴 수 있는 방법이다.

2가지 기준만 확실하면
직원이 업무에 몰두한다

● ● ●　　회사에는 다양한 목표가 층층이 쌓여 있다. 연간 목표, 상하반기 목표, 사분기 목표, 월간 목표와 주간 목표. 기간별로 이렇게 많은 목표가 설정되어 있음에도 불구하고 매일 일을 하다 보면 사실 지금 당장의 일, 눈앞의 일만을 생각하게 된다. 직원들뿐만 아니라 사장도 사정이 다르지 않다. 지금 당장 마음에 걸리는 일이 있으면 장기적인 방침과 상반되는 지시라도 일단 말해 버리고 마는 경우가 있다. 가령 품질 향상에 중점을 두고 있으면서도 원재료비가 상승되고 있는 지금 당장

의 문제에 발이 묶이면 "비용을 절감하세요"라고 말해 버리는 것이다. 이래서는 안 된다. 이렇게 기준을 흔들어서는 안 된다는 말이다. 기준이 흔들리면 직원은 업무를 진행하는 데 큰 혼란을 겪는다. 그리고 급작스럽게 변경된 방침이 하나 생기면 사내의 다른 모든 방침이 직원들에게 힘을 발휘하지 못한다.

확고하게 설정해 두어야 하는 두 가지 핵심 기준에 대해 말해 보겠다. '평가기준'과 'KPI'가 그것이다. '평가기준'이란 직원의 업무를 평가하는 데 있어서 기본으로 삼을 표준을 가리킨다. 'KPI'의 영문을 풀어 적으면 Key Performance Indicator인데 번역하면 '핵심 성과 지표'다. 즉 KPI란 조직의 목표 달성도를 측정해 보기 위한 보조적 지표다. 프로젝트 초기 단계에 사장이 평가기준과 KPI를 확실히 결정하면 이 두 가지 핵심 기준은 직원들이 어떤 상황에서든 혼돈 없이 적절한 행동을 선택해 수행할 수 있도록 도와준다.

가령 A시에서 영업을 본격 개시해 보기로 했다고 하자. 기존에 터전을 잡고 있던 다른 도시들에서는 이미 많은 고객을 보유하고 있지만 A시에는 고객이 거의 없다. 그래서 자사의 인지도를 높이자는 취지에서, 첫 일 년 동안은 다소 매출을 등한시해서라도 신규고객의 수를 늘려야 한다고 결정했다.

이 경우에 평가기준은 '고객의 수를 늘리는 것'이 된다. 이 평가기준을 분명하게 전하면 직원들은 매출을 올리거나 이익률을 높이려고 애쓰는 것이 아니라 '신규고객을 유치하는 행동'에 자신의 업무 역량을 쏟으면 된다는 점을 이해하게 된다. 사장의 생각이 직원들에게 자연스럽게 침투되는 것이다.

평가기준을 결정했다면 그에 따른 KPI를 결정할 필요가 있다. 성과를 KPI로 수치화, 지표화하고 이를 상시 점검의 대상으로 삼을 것이기 때문이다. 이 경우에 KPI는 '신규고객 확보 건수'로 정하면 된다. 그러면 직원들은 자사의 인지도를 높이기 위해서는 '신규고객 확보 건수'를 늘려야 한다는 사장의 생각을 보다 명확하게 전달받게 되며, 이 수치를 높이는 데에 역량을 집중적으로 투입하게 된다.

이때 주의할 점이 한 가지 있다. KPI는 두 가지로 설정하는 것이 바람직하다. '신규고객 확보 건수'라는 지표는 고객이 승인을 하는 시점에 비로소 지표값 변동이 일어난다. 즉 이 지표는 직원의 노력만으로 변동되고 완결되는 지표가 아니다. 그러므로 고객 승인이 발생하기 이전 과정을 고려하여 보조적 KPI로 '신규고객 확보를 위한 방문 건수'를 병행하면 좋을 것이다.

자신의 노력만으로 개선시킬 수 있는 수치 목표가 KPI에 포함되면 직원은 업무 의욕을 유지하기가 용이하다. 초기 단계가 지나가고 보조적 KPI의 필요가 현격히 낮아지면 그때 '신규고객 확보 건수'만을 KPI로 두면 된다. 상품 기획 업무를 하고 있는 직원들에게는 KPI로 '사내 승인된 기획안의 수'뿐만 아니라

'제출 기획안의 수'도 병행하게 하자.

　평가기준과 KPI를 다루는 데 있어서 사장이 유의해야 하는 것이 한 가지 더 있다. 직원들에게 알린 평가기준과 KPI는 함부로 바꾸지 말고 최대한 계속 유지해야 한다. 업무의 평가기준과 KPI를 사장으로부터 처음 전해 들은 직원들은 '열심히 하자!'라고 마음먹는다. 그런데 시간이 흐르면 사장은 그 기준과 지표를 예전처럼 선명하게 인식하지 못한 채로 업무지시를 하게 될 수 있다. 다른 여러 사항들도 중요하다고 강조해야 하지 않을까 하는 고민에 빠져 버릴 수도 있다. 하지만 그런 상황일지라도 새로운 결단을 완전히 내리기 전까지는 사장은 직원들에게 말했던 핵심 기준을 최대한 오래 적용하며 독려하고 강조해야 한다. 사장이 이를 소홀히 여겨서 애초에는 신규고객의 수를 KPI로 설정하고 이에 힘쓰자고 말했지만 일주일 뒤에는 재방문율을 KPI로 설정하겠다고 말한다면 직원들은 업무에 심한 혼란을 경험하게 된다. 사장에 대한 신뢰 또한 크게 낮아져 버린다. 사장은 일관성을 유지할 필요가 있다.

　한 가지 요령을 덧붙인다. 평가기준은 사장이 제시하되 KPI로 활용할 숫자 지표를 어떤 것으로 할지는 직원들과 회의하여 결정하자. 직원들이 자신의 업무를 '시키니까 하는 일', '내 일이 아닌 남의 일'로 여기지 않고 '나 자신이 매일 개척해 나가는 일'로 생각하며 능동적으로 업무하게 하기 위함이다.

직원의 결정 권한을
어디까지 넓혀 줘야 할까?

• • •　여기 한 제조업체가 있다. 지난겨울까지도 그 회사에
서는 사장 A가 진두지휘하는 연말연시 캠페인을 진행했다. 하
지만 이번 해에는 제품군의 영역이 넓어져 사장의 업무가 늘
어났고 연말연시 캠페인을 직접 진행하는 데 난항이 예상되었
다. 사장이 연말연시 캠페인 업무에 직접 손을 대지 못한다고
해서 캠페인을 진행하지 않을 수는 없다. 그래서 A는 최근 특
히 우수한 실적을 보여 온 젊은 기대주 직원 B에게 캠페인 리
더의 자리를 넘기고 자신은 관리를 맡겠다고 생각했다. A는 즉

시 B를 불러 지시를 내렸다.

이때 업무의 5W2H에서 'What(무엇을)'과 'Why(왜)'는 A가 결정하여 전달해야 한다. 이 경우에 'What' 항목은 '연말연시 캠페인 업무의 총 진행을 맡는 것'이다. 'Why' 항목을 통해서는 '캠페인의 총 진행을 왜 사장이 하지 않고 직원에게 지시하는가?'에 대한 답을 주어야 한다. 이 경우에는 '회사의 미래를 도모하기 위해 B가 캠페인을 진행하는 게 바람직하다', '다음 분기의 승진 여부를 판별하기 위함이다', '업무의 수준을 한 단계 높이기 위함이다' 등이 답이 될 것이다.

그런 다음 'How' 등의 수단은 직원이 직접 결정하게 하자. 직원이 어떤 어려움에 봉착한다면 그때 사장이 개입하여 난관을 극복하도록 도와주는 구조로 일을 진행하는 게 바람직하다. 다음과 같은 사항은 A가 일방적으로 결정해 지시할 일이 아니다. B가 A와 함께 논의하며 결정해 나가면 된다.

- 어떤 매체로 캠페인을 알릴 것인가?
- 홍보물에는 어떤 문구를 실을 것인가?
- 영업처 접촉은 언제부터 시작할 것인가?
- 캠페인 전용 웹사이트를 제작할 것인가?
- 고객 대상 메일링은 어떤 타이밍에 몇 회 시도할 것인가?
- 전시회 등의 이벤트도 함께 실시할 것인가?

- 캠페인에 경품을 걸 것인가?
- 직원들의 업무 분담은 어떻게 할 것인가?
- 어느 정도를 목표치로 설정할 것인가?

이 사항들에 대해 논의할 때 사장이 절대적으로 주의해야 할 점이 있다. 사장이 내심 이미 결정한 뒤 직원에게 제시하며 "이렇게 하는 게 어떻겠습니까?"라고 확인하는 형식으로 논의를 진행하는 것이 바로 그것이다. 마치 사장이 지시를 내리고 그 지시사항을 직원이 제대로 알아들었는지 '확인'을 하는 것처럼 직원에게 질문을 던지면 직원은 사장의 의견과 다른 탁월한 방안을 생각하고 있더라도 사장의 말을 부정하기 어렵다. 그런 식으로 한다면 직원에게 업무를 맡긴다는 것이 의미가 없다. 그리고 직원 또한 자신이 맡은 일에 대해 품었던 열의가 급속도로 냉각된다. 그렇다면 어떻게 하는 것이 바람직할까? A는 직원 B에게 질문할 사항들을 목록으로 정리해 두기만 하면 충분하다. 목록을 가지고 B와의 논의에 임하며 업무를 맡긴 직원에게 열린 질문을 던지는 것이 바로 사장의 말이어야 한다. "이번 캠페인에는 어떤 매체를 이용하는 게 좋겠습니까?"라는 식으로 말이다. 열린 질문이란 상대방으로 하여금 '네. 아니요'로 대답하게 하는 질문이 아니라 상대방이 자신의 생각이나 상황에 따라 자유롭고 다양하게 대답할 수 있게 하는 질문이다. 이때 B의 대답이 미진한 항목이 있다면 그 항목에 한하여 A가 조언을 해 주면 된다.

직원의 의욕을 높이고 싶다면 직원이 직접 결정하는 범위와 기회를 확장해야 한다. 제품을 어떤 방법으로 판매할지, 업무 분담은 어떻게 할지와 같은 세부적인 'How(수단)'까지 모두 사장이 결정해 버린다면 직원은 자신을 업무의 주체로 여기지 못하고 사장의 수족으로 여기게 된다. 당연한 일이다. 그러니 직원은 업무에 대해 주체적으로 생각하지 않게 된다. 주체적으로 생각하지 않는 편이 빠른 업무 진행에 유익하기 때문이다. 이와 달리 직원으로 하여금 업무의 세부 사항들을 직접 결정해 나가게 한다면 비로소 직원은 해당 업무를 '나의 일'로 느낄 것이다. 직원의 의욕은 눈에 띄게 향상될 것이며 막중한 책임감을 느껴 적극적으로 업무를 진행해 나가기 시작할 것이다. 직원이 주체적으로 생각하기 시작하면 업무 능력 성장의 속도도 가속되기 시작할 것이다.

직원에게 업무를 맡겼다면 직원이 그 업무에서 결정권을 적극적으로 행사할 수 있도록 해 주자. 직원이 잘못된 방향으로 나아가는 것 같거나 어려움에 봉착해 혼란을 겪고 있는 듯한 그때 사장이 방향을 수정해 주고 문제 상황에 개입하면 된다. 그런 프로세스로 일을 진행하는 것이 사장에게 더 남는 장사다.

직원이 일을 제때 끝내게 하는
비결 2가지

● ● ●　　기한까지 일을 끝내지 못하는 직원들에게서 공통적
으로 나타나는 특징이 있다. '일에 늦게 착수한다'는 것이다. 시
작이 반이라는 말이 있는데 이는 결코 과장된 표현이 아니다.

핵심 요인은 '무엇부터 시작해야 할지 확실히 알지 못하겠
다'는 고민 때문이다. 그러므로 사장은 어떤 직원에게든 다음
의 두 가지는 꼭 해 주는 게 좋다. 그래야 어떤 직원이든 업무에
즉시 착수할 수 있게 된다.

1. 작업을 구체화한다

직원은 사장이 업무를 너무 대략적으로 뭉뚱그려 지시했다고 생각할 수 있다. 사실이든 아니든 업무를 수행해야 하는 직원이 그렇게 느꼈다면 이는 해결해야 할 문제다. 그러니 작업을 지시할 때는 업무를 분할해 주자.

직원에게 내년도에 사용할 팸플릿에 실을 내용의 작성을 지시한다고 가정해 보자. 기한은 2개월이며 이것은 그가 해 본 적이 없는 업무다. 이런 경우라면 업무를 다음과 같이 분할하여 지시하자.

- '고객의 소리' 코너에 실을 인터뷰 글을 마련하기 위해 인터뷰 대상자를 결정한다.
- 인터뷰를 진행한다.
- 인터뷰 내용을 정리한다.
- 다른 코너에 실을 데이터를 작성한다.
- 작년도 팸플릿에 실린 데이터들을 점검하여 연도와 날짜, 데이터의 수치를 금년의 것으로 대체한다.
- 금년에 판매 종료된 상품에 관한 정보를 삭제한다.
- 신상품의 데이터를 입력한다.
- 영업사원들에게 팸플릿 필요 부수를 확인한다.

누구든 새로운 업무를 진행할 때는 그 업무의 전체 상을 미처 파악하지 못한 상태이기 때문에 모든 일을 막연히 어렵게 느낄 수 있다. 그리고 손을 어디에서부터 대야 좋을지를 몰라 당황한다. 이것저것 손은 대 보더라도 일이 금방 막혀 버리기 때문에 멀리서 봤을 때는 작업이 거의 진행되지 않은 상태에 계속 머물러 있는 것처럼 보일 수 있다. 이럴 경우에 사장은 어떤 말투로 지시를 해야 메시지 전달에 성공할 수 있을까?

사장 "진원 씨, 내년도용 팸플릿을 만들어 주세요."

직원 "네, 알겠습니다."

사장 "그럼 제가 생각하는 작업 과정에 대해 한번 말씀드릴게요."

직원 "네."

사장 (공정을 설명한 뒤) 그러면 이제 일정을 세워 보시겠습니까?"

이때 각 공정의 순서는 직원이 직접 설정하도록 두자. 그래야 이 업무가 직원에게 '나의 일'이 되기 때문이다. 사장은 직원이 직접 설정한 일정을 보고 작업 과정상 문제가 없다면 그대로 진행하도록 두면 된다. 진척 상황을 언제 확인할지 그 시기만 정해 주면 된다.

직원이 공정을 결정하지 못하거나 공정의 순서가 너무나 비효율적이어서 시정을 해 주는 편이 나은 경우라면 사장은 다음과 같이 말하는 게 좋다.

> "진원 씨가 혼자서 완결할 수 있는 일과 다른 사람의 도움을 받아야
> 수행할 수 있는 일을 분리해서 생각해 보십시오. 어느 쪽을 우선 해
> 결하는 편이 좋을 것 같다고 생각하나요?"

이런 식으로 사장은 직원이 자신이 세운 계획을 변동하는 것
이 낫다는 점을 납득할 수 있도록 말을 해야 한다. 그리고 최종
적으로는 직원이 스스로 질문하고 스스로 대답할 수 있는 상
태에 이르도록 유도하자. 그러면 해당 업무는 직원에게 다시금
분명한 '나의 일'이 된다. 앞선 질문에 직원은 물론 이렇게 대답
할 것이다. "다른 사람의 도움을 받아야 수행할 수 있는 일을 먼
저 시작하는 편이 좋을 것 같습니다." 이런 대답을 하기에 이른
이 직원은 이제 '고객의 소리 인터뷰 대상자를 결정하는 일'에
당장 착수할 될 것이다.

그리고 분할된 업무 목록 중에서 난이도가 낮은 작업에 먼저
착수하게 하자. 한 가지 작업이 끝나면 성취감과 안심감을 얻
는 효과를 누릴 수 있을 것이기 때문이다. 앞선 업무 목록 중에
서는 '작년도 팸플릿에 실린 데이터들을 점검하여 연도와 날
짜, 데이터의 수치를 금년의 것으로 대체한다'가 그런 작업에
해당한다. 또한 일정을 세울 때는 최종 기한으로부터 역산하여

계획을 세우는 게 좋다는 것을 사장이 조언해 준다면 좋을 것이다.

2. '언제', '얼마나' 할지를 논의한다

업무 목록이 있는데도 직원이 어떤 한 가지 업무에 착수를 하지 못하는 경우가 있다. 이때는 각 업무를 '언제, 얼마나 할 것인가?'에 대한 이야기를 논의석상에 올리고 이를 직원과 사장이 함께 결정함으로써 직원이 비로소 첫발을 내딛게 만들어 주도록 하자.

당연한 말이지만 직원들은 수많은 업무를 맡아 수행하고 있다. 그렇기 때문에 '언제 할 것인가?'를 정해 놓을 필요가 있다. 처음에만 잠깐 열심히 하고 금세 열의를 잃어버리는 직원들도 있다. 그러니 '얼마나 할 것인가?'도 명확히 해 두어야 한다.

그러니 사장은 직원이 업무를 '언제 할 것인가?', '얼마나 할 것인가?'를 결정하게 하자. 그리고 언제 사장이 진척 사항을 확인할 것인지 그 시기까지 결정하게 하자. 거기까지가 사장의 업무다.

THE TONE OF THE BOSS

WHO MAKES A PROFIT

5장

골치 썩이는
직원에겐
이런 말투를 권함

이해를 못하는 직원에게
업무를 전달할 땐
꼭 이렇게!

●●● 사장이 정말 열심히 가르쳤지만 좀처럼 이해를 하지 못하는 직원을 만나 본 적이 있을 것이다. 아주 답답한 마음이 들고 분통이 터졌을 것이다. 다른 직원들은 한 번만 말해 줘도 일을 잘 익혀 나가는데 이 직원은 왜 그러지 못하는 건지 모르겠다 생각했을 것이다. 그리고 아마도 발전적인 해답은 만들어 내지 않았을 것이다.

이럴 때 직원을 질책한들 그다지 의미 있는 일은 일어나지 않는다. 본래 성실하고 일도 열심히 하는 직원이라면 더더욱 그럴 것이다. 이런 직원에게 업무를 가르치기 위해서는 어떻게 해야 할까?

1. 그의 업무를 최소 단위로 분해한다

마치 재고 조사를 진행할 때처럼 그 직원의 업무를 전부 꺼내 놓아 보자. 그리고 그 업무들을 가급적 최소한의 단위로 작게 분해해 보자. 그런 뒤 그 직원이 잘하고 있는 부분과 그렇지 못한 부분을 구분하고 분석해 보자.

가르쳐 주어도 좀처럼 이해하지 못하는 직원을 상대하면 사장은 자신도 모르게 부정적인 이미지를 품게 되는 경우가 대부분이다. 무의식중에 사장은 그에게 '무능한 직원'이라는 꼬리표를 쉽게 붙여 버린다. 하지만 이 꼬리표는 잘못된 것일 가능성이 매우 높다. '이 사람은 할 줄 아는 게 없구나'라는 생각은 힘이 세다. 이런 직원은 성실한 성격을 가지고 있으며 고민이 아주 많은 유형의 사람인 경우가 많다. 그래서 그는 자신에게 무능하다는 꼬리표가 붙었음을 감지하는 즉시 약간 남아 있던 자신감마저 상실해 버린다. 그런 뒤에는 그가 원래 잘하던 일도 제대로 해내지 못할 수 있다.

그러니 사장은 그에 대해 생각하는 시간을 가지면서 그가 잘하는 부분이 어떤 부분인지를 확실히 점검하고 인정하자. 그런 다음 '이 부분은 왜 못하는지' 요인을 분석하자. 그리고 '어떻게 해야 그가 이 부분을 잘하게 될지' 궁리하자. 사장으로서 한 명의 직원에게 낙인을 찍어 버리는 무의미한 행동을 하는 대신 현재의 상황을 분석하고 미래 지향적으로 생각하자는 것이다.

2. 그의 업무 경향을 파악한다

어떤 직원은 사장이나 상사에게 업무를 부탁받으면 그것의 경중과 무관하게 모든 걸 즉시 처리해 주어야 한다고 생각해서 다른 어떤 업무가 있어도 기존의 업무를 미루고 부탁받은 일을 먼저 처리해 버린다.

어떤 직원은 여러 사람에게 업무 부탁을 받으면 시끄럽게 구는 상대나 무서운 상대가 부탁한 일부터 우선 처리해 넘기고 압박감을 별로 주지 않는 상냥한 상대가 부탁한 일은 뒤로 미룬다.

'빨리 끝내야 한다'는 강박관념을 가지고 있어서 일을 받으면 황급히 처리해 넘겨주고자 하기 때문에 완성도가 떨어지고 오류가 많은 결과물을 만들어 내는 직원도 있다.

이런 식으로 직원의 경향을 파악해 보자. 그리고 그에 따른 대응책을 고민해 보자. 위와 같은 직원들에게는 기한을 조금 넉넉하게 주거나, 업무의 우선순위와 후순위를 더욱 세세하고 명확하게 정해 주는 게 효과가 있을 것이다.

한편 업무 이해 속도가 느려 보이는 직원들 중에는 업무를 집중 처리하는 시간대를 잘못 설정한 이들도 있다. 세심한 주의가 필요한 작업은 피곤에 지친 저녁이나 밤 시간대에 처리하고 반대로 정신이 말짱한 아침에는 집중력이 그다지 필요하지 않은 일을 처리하는 것이다.

직원에게 이런 습관이 있다는 점을 파악했다면 집중력이 필요한 복잡한 작업을 아침에 처리하도록 권하며 하루의 업무 시간 활용법을 재검토할 기회를 다양한 방법으로 제공해 주도록 하자.

성실한데도 불구하고 일을 가르쳐 줘도 제대로 수행하지 못하는 사람들 중에는 이처럼 시간 활용의 효율성에 대해 그간 한 번도 제대로 생각해 보지 않았던 이들이 적지 않다. 그렇다면 문제는 생각보다 간단하게 해결될 수 있다.

3. 업무 다이어트를 검토해 본다

어쩌면 그 직원에 대한 사장의 기대치가 너무 높은 상황일 수도 있다. 여러분은 리더이고 우수하다. 그러므로 높은 수준의 결과물을 원할 것이다. 그러나 직원들에게는 저마다 잘하는 것과 못하는 것이 있다. 작년에 들어온 한 직원은 업무를 3개월 만에 금세 간파해 잘 수행하고 있는데 올해 입사한 어떤 직원은 똑같이 가르쳤는데도 반년이 지난 지금까지 헤매고 있다고 사장이 불평한들 의미는 없다.

그러니 여러분이 원하는 높은 수준을 단계별 목표로 세밀하게 분해해 보자. 그런 뒤 직원이 우선 1단계를 제대로 할 수 있도록 가르치자. 이때 2단계 이상의 업무는 하지 않게 한다. 그리고 1단계를 제대로 할 수 있게 되었다면 그때 2단계의 업무를 가르치자.

업무 다이어트라는 말을 잘못 이해하면 사장은 최악의 실수를 하게 된다. '이 친구에게 이 일은 무리야'라고 생각해 업무를 통째로 빼앗아 버리는 것이다. 일을 통째로 빼앗아 버리면 그 직원은 앞으로는 그 업무에 영원히 도전하지 못하게 될 것이다. 자신감도 바닥으로 내려갈 것이다. 업무 다이어트는 그런 게 아니다. 한 번에 지시하는 업무의 범위와 양을 줄이는 것이 업무 다이어트다. 차근차근 해 나가자. 분명 효과를 볼 것이다.

의욕이 없는 직원에게
새로운 업무를 시킨다고?

• • • 　의욕이 없어 보이는 직원이 누구인지 떠올려 보자. 그에게 신규 업무는 아예 안 주고 있는 건 아닌가? 혹은 신규 업무를 줘야 하는 상황인데 그의 반응을 보기가 싫어서 망설이고 있나? 하지만 이런 상황 전개는 사장인 당신에게도, 직원에게도 좋지 않다.

　사장은 직원 전원의 업무를 균형 있게 분배하는 일에 신경을 써야 한다. 가령 직원 A가 의욕이 높고 일도 잘한다고 해서 그에게만 업무를 집중시킨다면 A는 쓰러져 버릴 것이다. 한편 의욕이 없어 보인다는 이유로 B에게는 지금 하는 업무만 맡기고 다른 업무는 주지 않는다면 B의 성장은 멈춰 버린다. 사장에게는 이익을 높일 책임이 있지만 그와 동시에 회사를 성장시킬 책임, 즉 직원들을 육성해야 할 임무도 있다.

의욕이 없어 보이는 직원을 떠올려 보자. 그에게는 정말로 의욕이 없는 것일까? 지금부터 차근히 생각해 보자.

여러분이 그렇게 생각하는 이유는 그가 질문을 잘 하지 않아서, 혹은 반응이 없어서일 수 있다. 하지만 그 직원은 의욕이 없는 게 아니라 단순히 커뮤니케이션에 서툰 것일 뿐일 수도 있다. 특히 여러분이 열정적인 사장인 경우라면 직원의 얼굴 표정에 결연함이 보이지 않는다는 이유로 '의욕이 안 보이는군'이라고 생각해 버렸을 가능성도 낮지 않다. 하지만 단언하자면 이것은 낡은 발상이자 자기중심적인 생각이다.

또한 직원 중에는 겉으로는 의욕이 보이지 않지만 강한 프로의식을 가지고 있어서 어떤 작업을 부탁하는 경우 상당히 높은 수준의 결과물을 만들어 내는 사람도 있다. 의욕이 겉으로 보이지 않는다고 해서 "힘 좀 내십시오!", "의욕을 좀 보이세요!"라고 말하면 이렇게 묵묵히 일하는 유형의 사람들은 심한 반발감을 느낀다. 사장의 말이 역효과를 불러일으키는 상황이다.

사장의 눈에 상대방의 의욕이 보이지 않는다고 해서 그 직원을 일찌감치 포기해 버리는 것도 큰 문제다. 겉모습이나 선입

견을 근거로 하여 그에게 의욕이 없다고 판단하는 일이 없도록 하는 것이 사장에게 매우 중요하다.

그러나 정말로 의욕이 없는 직원들이 분명 존재한다. 그런 직원에게 새로운 일을 맡길 때는 다음의 두 가지 방법을 사용해 동기를 부여해 보자. 효과가 있을 것이다.

1. '남들과 같아지고 싶다'는 심리를 자극한다

사람들은 남들과 다르고 싶지 않다는 의식을 강하게 가지고 있다. 의욕이 없는 부하도 딱히 열심히 일할 생각은 없지만 그래도 남들만큼은 하고 싶다고 강하게 생각한다. 혼자서 뒤처지기는 싫은 것이다.

고급 브랜드 상품이 잘 팔리는 이유는 무엇일까? 남들과 같아지고 싶다는 의식 때문이다. 고급 브랜드 백이나 액세서리를 사는 이유는 고급스러워 보이고 싶어서가 아니다. 다른 사람들이 사기 때문이다. 다들 가지고 있으니까 자신도 그것을 사서 다른 사람들과 같아지고 싶어 하는 것이다. 교복을 입는 학생이 옷의 품을 넓히거나 좁혀서 변형해 입는 행동을 하는 것은 다른 학생들과 똑같아지고 싶기 때문이다.

그리고 이런 인간 심리는 회사에서도 다르지 않다. 업무도 남들만큼은 하고 싶어 한다. 그러므로 새로운 업무를 맡기면서 이 '남들과 같아지고 싶다'는 심리를 자극해 보자.

"○○ 씨도 벌써 3년 차로군요. 경영 회의에 제출할 자료 중 일부를 만들어 주지 않겠습니까? ○○ 씨의 상사인 C도 3년 차부터 그 일을 담당했습니다."

"○○ 씨도 슬슬 거래 금액이 많은 A급 고객을 담당해 주면 좋겠습니다. ○○ 씨의 동기인 D에게도 한 건을 할당할 예정입니다."

이런 식으로, 새로운 업무를 해내면 남들과 같아진다는 점을 강조해 말해 주는 것이다. 그러면 직원도 의욕이 상승되는 것을 느낄 것이다.

2. '다른 사람에게 폐를 끼치고 싶지 않다'는 심리를 자극한다

인간에게는 '다른 사람에게 나쁜 인상을 주고 싶지 않으며, 폐를 끼치고 싶지 않다'는 심리도 있다. 이 심리를 자극해 보자.

"슬슬 ○○ 씨가 업무를 담당해 줘야겠습니다. 안 그러면 선배들의 부담이 너무 커집니다. 일단 한번 해 봅시다."

이런 식으로 동기를 부여해 보자. 효과가 있다는 것을 분명 실감할 것이다.

연상의 직원에게는
팀을 계속 의식시켜 보라

• • • 　연공서열에 기반한 조직 구조가 많이 사라졌다. 전통적인 사업 분야의 틀로는 설명할 수 없는 새로운 사업들이 생겨났다. 그런 까닭에 '연하의 사장, 연상의 직원'이라는 구도가 흔한 일이 되었다.

나 또한 연상의 직원을 두었던 경험이 몇 번 있는데 그들은 내 편일 때는 든든한 전우가 되어 주지만 적일 때는 팀에 나쁜 영향을 끼친다.

연상의 직원은 때로 상사의 흉을 본다. "그 방식은 문제가 있습니다. 다른 방식으로 하는 편이 낫다고 생각합니다. 다들 납득하지 못하고 있습니다"라고 반대 의견을 말하며 저항 세력을 형성하기도 한다. 이런 이유로 연상의 직원을 거북하게 여기는 사장들이 적지 않을 것이다. 나 역시 그랬다.

그래서 이번에는 연상의 직원을 상대할 때 어떤 태도를 가지면 되는지에 대해 이야기하려 한다. 포인트는 다음의 세 가지다.

1. 직원이 아랫사람이 아니라는 점에 대해 생각하는 시간을 가지자

사장과 직원은 고용이라는 관계를 맺고 있지만 상하관계는 아니다. 직원에게 업무 명령을 내려야 하는 게 사장의 일이지만 이 관계의 본질은 파트너에 가깝다.

그러므로 연상의 직원에게 반말을 하거나 난폭한 말을 사용해서는 절대 안 된다. 파트너로서 존중하는 마음가짐으로 직원을 대해야 한다. 그러면 연상의 직원도 분명 여러분에게 경의를 표하며 대할 것이다.

2. 연상 직원의 강점이나 장점을 인정하자

연상의 직원이 훌륭한 지식이나 기술을 가지고 있다면 그 부분은 확실히 인정하자. 이때 적용하면 좋은 한 가지 방법을 강력히 추천하고자 한다. 바로 가르침을 청하는 것이다.

"작성하신 기획서를 볼 때마다 많은 것을 배웁니다. 어떻게 해야 그렇게 눈에 잘 들어오고 이해하기 쉬운 기획서를 만들 수 있는 겁니까? 저도 배우고 싶네요."

이런 식으로 가르침을 청한다면 높이 솟아 있던 상대방의 방어심리가 분명히 한결 누그러질 것이다.

3. 자신의 부족함을 드러내자

평소 확신을 가지지 못했던 부분을 연상의 직원에게 밝히며 다음과 같이 말해 보자. "저는 이 업무는 그다지 경험이 없으니 가르쳐 주시겠습니까? 도와주십시오." 이런 식으로 그에게 부탁을 하자. 그다지 출세하지 못한 연상의 부하라면 누군가가 업무에서 자신에게 의지해 주기를 바라는 심리가 있을 수 있으므로 연하의 사장이 가르침을 청하면 기분 좋게 응할 것이다.

이런 세 가지 태도를 갖췄다는 것을 전제로 하고, 이제 연상의 직원에게 팀을 의식시키고자 할 때 말을 어떻게 하는 게 좋을지에 대해 생각해 보자. 연상의 직원들은 큰 강점을 가지고 있다. 업무와 직간접적으로 관련된 경험이나 지식이 풍부하다는 것이다. 그러니 사장은 "그 강점을 꼭 활용해 줬으면 좋겠다."고 말하자. 구체적으로는 다음과 같이 말하면 좋을 것이다.

"E 씨가 다른 직원들의 상담역이 되어 주셨으면 합니다."

"E 씨의 경험을 살려서 다른 직원들을 성장시켜 주십시오."

"E 씨의 영업 이론을 다른 직원들에게도 가르치고 싶습니다."

이런 식으로 연상 직원의 자긍심을 자극하고 북돋워 주도록 하자.

그러나 새로운 업무가 연상의 직원에게 부담이 될 가능성도 있다. 그래서 주의할 점도 있다. 연상임에도 직급이 충분히 상승하지 못한 이들은 밸런스를 잡는 데 약점을 가지고 있는 경우가 많다. 예를 들어 쉽게 감정적인 모습을 보이며 주위와 대립한다든가, 영업은 잘하지만 사무 작업이 서툴다든가, 점검을 철저히 하지 않아서 실수가 잦다든가 하는 식이다. 분명 탁월하게 수행하는 어떤 영역을 가지고 있는데 어딘가 서툰 부분이 있는 것이다. 어떤 부분이 다소 서툰지를 탐색해 보자. 그리고 보조해 주자.

또한 서툰 부분에 있어서 자잘한 실수들이 발생하더라도 일일이 비난해서는 안 된다. 말을 안 하고는 도저히 넘어갈 수 없는 실수가 발생한 경우에는 "제가 E 씨에게 너무 많은 일을 맡겨서 실수를 유발시킨 측면도 있네요"라고 말하며 직원이 일으킨 실수의 원인이 사장인 자신에게도 있다는 점을 말해 주자. 그런 말을 들은 연상의 직원은 결코 다음과 같은 대응을 보일 수는 없을 것이다. "팀을 위해서 해야 하는 업무가 늘어나는 바람에 개인 업무에 쏟 시간이 부족해져서 이렇게 된 겁니다."

아무리 베테랑이라도 높은 기대를 받으며 과도한 양의 업무를 수행하다 보면 부담이 너무 높아진 나머지 실패하고 만다. 그러므로 연상의 직원에게 팀을 의식시키고자 한다면 그가 자신 없어 하는 일이 무엇인지 파악해 줄여 주자. 자신 없어 하는 일을 줄이고 그 시간에 다른 직원들을 지도하도록 하면 된다.

자꾸 실수할 때
사장이 해 줄 수 있는 것들

●　●　● 　　업무를 할 때 유독 자주 실수하는 직원이 있을 것이다. 하지만 실수가 잦다고 해서 그에게 중요 작업을 모두 맡기지 않기는 어렵다. 회사의 인원은 한정되어 있기 때문이다.

그러니, 절대로 실수가 일어나서는 안 되는 업무를 가르칠 때는 "이걸 실수하면 여러 명의 작업이 중단되어 버립니다. 자칫하면 1억 원 규모의 거래가 날아가 버릴 위험성도 있습니다"라며 수치를 이용해 손해의 크기를 구체적으로 제시하면서 그 업무의 중요성을 확실하게 전달해야 한다.

그렇게 했음에도 불구하고 직원이 실수를 저질렀다면 사장은 어떤 말을 해야 할까? 한 가지 사례를 들어 이야기해 보겠다.

직원 A는 지난달에 청구서 금액을 두 건 잘못 기재했다. 그것도 고객이 지적해서 실수들이 발견됐다. 이는 회사의 신용을 떨어뜨리는, 용납할 수 없는 실수다. 그래서 사장은 A에게 신신당부하며 말했다. "이런 식으로는 1억 원짜리 거래가 날아가 버릴 수도 있습니다. 이번에는 절대 실수해서는 안 됩니다."

하지만 이렇게만 말해서는 앞으로 비슷한 실수가 없을 거라고 확신할 수 없다.

손실을 낸 직원이 앞으로 주의를 기울일 것이라는 점은 의심할 필요가 없다. 그리고 틀림없이 조심할 것이다. 그는 실수하고 싶어서 실수한 것이 아니다. 의도치 않게 실수를 저지른 것이다. 그에게 반성을 하게 한들, 사죄를 하게 한들 달라지는 것은 없다. 구체적인 대책을 궁리해야 한다.

이때 "왜 실수를 한 겁니까?"와 같이 '사람'을 탓하는 식의 질문을 하는 것은 좋지 않은 선택이다. 실수의 원인이 무엇이었는지를 파악하는 게 관건이다. 그러니 실수로 이어지게 된 그 일의 경로, 즉 '사상(事象)'에 관해 물어야 한다. 만약 좀처럼 답이 발견되지 않는다면 그가 현재 어떤 방식으로 일하고 있는지에 관해 물어보아야 한다. 이 경우라면 그가 실수를 저지른 원인을 밝혀내겠다는 일념으로 그의 과거 업무 이력에 집중하지 말자. '어떻게 하면 앞으로 실수를 반복하지 않을 수 있는가?'라는 미래에 초점을 맞춘 질문을 던지자. 직원이 자신을 돌아보며 깊이 생각을 해 보게 하는 데에도 그러는 편이 낫다.

또한 한 가지 더 유의할 점이 있다. 위와 같은 질문을 하면 "제대로 하겠습니다", "신경 쓰겠습니다", "주의하겠습니다", "철저히 확인을 하겠습니다"와 같은 대답이 돌아올 것이다. 하지만 충분하지 않다. 구체적인 행동 교정 사항을 도출해 내야 하기 때문이다. 그렇지 않고서는 문제는 다시 일어날 것이다. 그러니 되묻도록 하자. "구체적으로 어떻게 '철저히' 하겠다는 건지 그 방안을 말해 보겠습니까?" 직원이 업무 행동을 어떻게 변화시켜 보려 하는지 명확하게 이야기하도록 도와주자.

사장 "이렇게 똑같은 실수를 계속 저지르는 건 무엇이 원인입니까?"

▶ 실수의 원인에 초점을 맞춘 질문을 한다.

직원 "청구서 작성에 들어가는 시기가 25일부터여서 작업을 급하게 진행했습니다. 그래서 확인이 허술했는지도 모르겠습니다."

사장 "그런가요. 그렇다면 이번 달에는 어떻게 할 생각입니까?"

▶ 직원의 좋지 않은 행동을 섣불리 부정하지 않는다.

직원 "더 주의해서 하겠습니다."

사장 "음, 구체적으로 어떻게 '주의'하겠다는 건가요?"

직원 "청구서 입력 시스템은 20일부터 사용할 수 있으니까 미리 작성을 하겠습니다. 그리고 확인 횟수도 늘리겠습니다."

사장 "괜찮은 생각이군요."

위와 같은 흐름으로 대화를 해 나가면 좋을 것이다.

회사에서 발생하는 업무 실수를 줄여 주는 요령이 하나 있다. 누구든 자신의 업무 실수는 제때 깨닫지 못하지만 타인의 실수는 금세 잘 알아채기 마련이다. 그러니 한 직원이 만든 자료를 다른 직원이 검토할 수 있는 업무 구조를 만들어 두면 좋다. 타인의 자료를 검토할 때는 오류를 찾아낼 책임을 느끼며 철저히 검토할 것이며 자신이 자료를 만들 때는 실수를 하지 않기 위해 전보다 신중하게 일할 것이니 회사로서는 잃을 것이 없다.

일정을 어기는 직원에게
따끔하게 해야 할 일

● ● ●　기일을 잘 지키지 못하는 직원들을 떠올려 보자. 이런 직원들은 몇 번씩 주의를 줘도 좀처럼 습관을 고치지 못하는 경우가 많다. 열심히 일은 하는데 매번 기일을 지키지 못해 주위 사람들을 곤란하게 만드는 것이다.

어떻게 해야 이런 사람이 기일을 지키도록 만들 수 있을까? 기일을 잘 지키지 못하는 사람들은 보통 다음의 네 가지 특징을 가지고 있다. 각각의 패턴을 살펴보면서 사장으로서 어떻게 대응해야 할지에 대해 이야기해 보겠다.

1. 업무를 부탁받으면 전부 승낙해 버린다

이미 일이 많아 여유가 전혀 없는데 누가 또 일을 부탁하면 승낙해 버린다. 이는 안일한 판단의 결과다.

이런 경우라면 사장은 관련 직원들을 모두 불러 그가 끌어안고 있는 업무에 어떤 것들이 있는지를 명확히 밝혀 보게 하자. 그리고 직원들 각자가 맡고 있는 업무를 서로가 한눈에 알 수 있도록 업무 일람표를 만들게 하자. 그런 뒤에는 모든 직원이 다른 직원에게 업무를 부탁하기 전에 업무 일람표를 확인함으로써 상대가 다른 업무를 바삐 처리하고 있는 게 아닌지 우선 확인하도록 지시하자. 그리고 상황에 따라 때로는 업무 부탁을 거절하고 거절당하는 것이 서로에게 합리적인 일이라는 점을 여러 번 강조해 말해 주자.

2. 늦게 착수한다

원인은 주로 두 가지다. 첫 번째는 무엇부터 시작해야 할지를 판단하지 못했기 때문이다. 그러니 업무를 의뢰받은 뒤에도 쉽사리 행동을 개시하지 못한다. 그러므로 사장은 지시를 하고 바로 뒤돌아설 게 아니라 직원이 업무에 실제로 첫발을 내딛는 모습까지 확인해 주자.

두 번째는 작업 착수일로부터 완료일에 이르는 작업 일정에 대한 계산이 허술하게 이루어졌기 때문이다. 작업을 하다 보면 다른 사람에게 부탁을 해야 하는 부분이 생길 수도 있고, 작업 공정 가운데 생각했던 것보다 시간이 더 걸리는 부분이 있을지도 모르니 예비일을 1~2일 정도 잡은 작업 일정표를 작성하도록 지시하고 이를 확인해 주자.

3. 너무 꼼꼼하게 한다

이런 사람은 완벽을 추구하며 업무의 모든 부분에 너무 많은 시간을 들이며 일을 진행한다. 중요한 부분과 불필요한 부분을 구별하지 않고 말이다. 일을 대충하는 것은 좋지 않다. 하지만 질을 지나치게 추구한 나머지 필요 이상으로 꼼꼼하게 처리하며 시간을 들이는 것도 좋지 않다는 점은 분명하게 말해 주자.

4. 혼자서 전부 끌어안는다

업무를 진행하던 중 판단이 어려운 지점에 봉착했다거나 잘 알지 못하는 일을 하게 된 상황인데 그 모든 것을 혼자 고민하고 있는 경우가 있다. 누군가에게 괜히 질문했다가 무시를 당하거나 그것도 모른다며 질책당하는 것은 아닌지, 알게 모르게 평가가 낮아지는 것은 아닌지를 고민하고 있는 것이다. 그러니 사장은 '무엇을 물어보든 절대 무시하거나 질책하지 않는다. 제때 질문하는 것은 아주 바람직한 업무 태도다'라는 점을 평소에 자주 강조해 말해 주자.

중도 입사한 직원에게
업무를 부탁하는 법

● ● ●　　어떤 회사에든 경력직 채용으로 중도 입사한 직원들이 있을 것이다. 특히 헤드헌팅을 통해 소위 '모셔 온' 직원이 있는 경우, 그에게 업무를 어떻게 지시해야 해야 좋을지에 대해 고민하는 사장들이 적지 않을 것이다. 이 경우에는 가장 첫 번째 업무지시가 중요하다.

　사장보다 직원이 직무에 종사한 기간이나 경력이 우세한 경우, 사장은 직원에게 무언가를 '가르쳐 준다'라는 게 아주 어색한 일이라고 생각하게 된다. 특히 그 직원이 동종 업계 안에서 이직한 직원인 경우라면 '굳이 가르쳐 줄 필요가 없겠지'라는 생각을 아주 쉽게 가지게 될 것이다.

하지만 이는 위험한 생각이다. 아무리 동종 업계라도 회사에 따라 규칙과 절차가 다르고 사용하는 용어 또한 다를 수 있기 때문이다. 사장은 이 점을 가볍게 여기지 말아야 한다.

그러므로 중도 입사한 직원들에게 업무를 지시하기 위해서는 지시에 앞서서 사장이 꼭 파악해야 하는 것들이 있다. 그 직원이 '알고 있는 것과 모르는 것', '할 줄 아는 것과 하지 못하는 것'을 파악해야 한다. 그런 뒤에는 업무를 작게 분해한 지시서를 만들고 그가 모르는 것, 하지 못하는 것을 추려 하나하나 정성껏 가르쳐 주자. 이때 사장은 가장 먼저 이런 말을 덧붙이면 좋을 것이다. "A 씨는 알고 있을지도 모르겠습니다만 우리 회사의 방식이 특수한 것일 수도 있으니 일단 전부 설명하지요." 그의 경력과 지식의 존재를 이미 인지하고 있다는 것을 보여 줌으로써 그 직원을 존중하고 있음을 알린 뒤에 설명하면 좋을 것이다. 그리고 직원이 "이건 전에 있었던 회사와 같은 방식이네요" 혹은 "그건 알고 있습니다"라고 말한다면 "아, 그렇군요"라고 간단히 대답해 주면 충분하다.

나도 경험해 본 적이 있는데 경력직으로 중도 입사한 직원의 입장에서도 주저되기는 마찬가지다. 그들은 이런 생각에 시달리고 있을 것이다. '이런 기본적인 걸 물어봐도 될까?', '이 부

분은 진행 방식이 전에 있었던 회사와 다르네', '이 용어는 뭔지 잘 모르겠어'

그러니 경력직 직원이 보다 빠르게 우리 회사에 적응하고, 보다 빨리 업무에 착수할 수 있도록 사장으로서 도와주도록 하자. 그가 지닌 업무 경험의 범위와 누적되어 있는 지식들, 그리고 우리 회사의 규칙과 사업 범위와 차별성 등을 서로 가감 없이 드러내 서로를 신속하게 파악함으로써 하루빨리 다음 단계로 나아가도록 하자.

제멋대로 진행하는 직원이
보고하게 하는 비결

● ● ●　　뭐든지 제때 보고하거나 상의하지 않고 제멋대로 일을 진행해 버리는 직원 때문에 고민하는 사장들이 많다. 과거에 나도 그런 직원이 있어서 골머리를 앓은 적이 있고, 내가 그런 골치 아픈 직원이었던 시절도 있었다.

이런 직원은 주로 다음의 두 가지 특징 중 한 가지를 가지고 있을 것이다. 각각을 살펴보고 어떻게 대응해야 할지 설명해 보겠다.

1. 자신감 과잉

신입이나 2년 차 직원이었을 때는 업무를 익히며 겸손한 자세를 유지하던 직원이 3~5년 차에 접어들어 업무를 어느 정도 숙련해 실적을 올리기도 하고 후배 직원이 생기면서 자신감 과잉 상태가 되어 버리는 일이 적지 않다.

물론 자신감은 인간을 앞으로 나아가게 하는 좋은 원동력이다. '근거 없는 자신감'인 경우에도 마찬가지다. 하지만 개인의 발전을 저해시키는 경우도 있다는 점을 잊지 말아야 한다.

'일일이 가르쳐 주지 않아도 나는 이 정도는 할 수 있어.'
'나는 상사보다 유능해.'
'이대로 가면 출세는 정해진 것이나 다름없어.'

이렇게 멋대로 생각해 버리게 되면 그는 이제 사장이나 상사의 조언을 순순히 듣지 않는다. 일을 제멋대로 진행해 버린 다음에 사후 보고를 하기도 한다. 그리고 대부분의 경우 적어도 한 번은 실패의 쓴맛을 보게 된다.

이런 직원은 어떻게 대하는 게 좋을까? 일을 맡긴 뒤에도 그의 업무 진행 상황이 지속적으로 관찰될 수 있도록 하자. 업무에 따라서는 자신감 과잉 상태의 직원이 저지른 실수가 원인으로 작용하여 회사에 커다란 손실이 발생할 수도 있다. 그러니

'이건 위험해', '이대로는 문제가 될 거야'라는 생각이 들 때까지 상황을 그대로 내버려두는 것이 아니라, 그런 생각이 들기 전에 강력한 관리의 손길이 개입되도록 하는 것이다. "이 부분은 자유롭게 진행해도 되지만 이 부분을 마치면 그 직후부터는 상의하며 업무를 진행하도록 하세요"라고 자율의 기준이나 시점을 명확히 정해 미리 말해 주도록 하자.

그런데 이렇게 말해 주어도 업무를 여전히 제멋대로 진행하다가 결국 중요한 거래처와 관련하여 돌이킬 수 없는 실수를 저지르는 경우가 실제로 있다. 이런 사태를 방지하고자 한다면 중요한 사안을 진행할 때는 사장이나 상사가 그와 함께 행동해야 한다. 함께 행동할 수 없는 경우라면 "아주 사소한 것이어도 정확하게 보고하고 연락하세요"라고 그에게 말해 주어야 한다.

사장 자신이 과거에 멋대로 행동했다가 실패한 사례를 귀에 못이 박히도록 이야기해 주는 방법도 효과가 있을 것이다. 혹은 작은 실수라면 직원이 그 실수를 일으키도록 내버려 두는 것도 아주 씁쓸하지만 꽤 잘 듣는 좋은 약으로 작용할 것이다.

2. 사장을 무서워한다

사장에게 혼이 나고 싶지 않아서, 혹은 평가가 낮아질 것이 두려워서 보고나 상의를 제때 하지 않고 멋대로 업무를 진행해 버리고 마는 직원들이 있다. 부끄럽지만 과거의 내가 이런 유형이었다. 무서운 사장에게 계속 부정만 당하다 보니 이런 유형이 되고 만 것이었다. 당시 나의 사장이 내게 보여 준 행동과 말은 다음과 같은 것들이었다.

- 고객에게 제출할 기획서를 작성해 보고하면 사장은 구체적인 이유도 말해 주지 않고 무조건 "이것으로는 부족합니다"라며 돌려보냈다. 하지만 거래처에 말해 놓은 기한이 있었으므로 그 기한을 어기지 않기 위해 내 멋대로 몰래 기획서를 작성해 거래처에 제출했었다.
- 의논을 하러 가면 "그런 것도 모른단 말이에요? 머리를 써서 직접 생각해 보세요"라며 화를 냈다.
- 보고를 하면 "대체 일을 어떻게 하는 겁니까?"라며 고함을 질렀다. 그러나 문제의 해결책은 제시해 주지 않았다.

이렇게 계속 부정만 당하면 직원은 사장을 두려워하게 된다. 또한 자신에 대한 평가를 더는 떨어뜨리기 싫다는 생각 때문에, 업무 중에 실수를 했음에도 불구하고 사장에게 보고하지 않은 채 '어쩌면 전화위복의 상황이 벌어질지도 몰라'라고 생각하며 일을 진행해 버리기도 한다. 독단적으로 일을 진행해 버리는 직원은 이렇게 탄생하기도 한다. 그리고 그는 머잖아 커다란 문젯거리가 되고 만다.

직원들이 미진한 보고, 부정적인 보고도 부담 없이 하는 분위기를 사장이 만들어야 하는 이유가 바로 여기에 있다. 직원들의 부정적인 보고, 미진한 보고에 포용적으로 대응하고 그가 직면한 문제 상황에 방향성을 제시해 주자. 그게 사장의 일이다.

THE TONE OF THE BOSS

WHO MAKES A PROFIT

제대로 칭찬하지 않으면
고래는 춤추지 않는다

• • • 질책이 아니라 칭찬으로 사람은 성장한다. 칭찬은 의
욕을 상승시킨다. 그러니 칭찬으로 키우라는 말은 옳은 말이
다. 다만 모든 칭찬의 말이 사람을 성장시키는 건 아니다. 칭찬
받은 이에게 결과적으로 독으로 작용해 버리는 칭찬들도 있다.
칭찬이 신뢰 관계를 무너뜨리는 경우도 있다.

그렇다면 직원들에게 건강한 칭찬을 해 주기 위해서는 어떤
점에 유의해야 할까? 사람을 발전하게 만드는 칭찬의 다섯 가
지 원칙을 소개해 보겠다.

1. 구체적 사실을 칭찬한다

"수고하고 계시지요", "요즘 잘해 주고 계십니다" 칭찬할 때 흔히 사용되는 말이다. 사장이 이런 말로 자신의 노고를 인정해 주면 기분이 좋아질 수도 있겠지만 그렇게 느끼지 않는 사람들도 대단히 많다. 칭찬에 근거가 없기 때문이다. '나를 기분 좋게 만들기 위해 습관적으로 입에 발린 소리를 한다'라는 불쾌한 생각을 갖게 되는 것이다.

그러므로 직원을 칭찬할 때는 반드시 구체적인 사실을 들어 칭찬하도록 하자. 예를 들면 다음과 같은 식으로 칭찬하는 것이 좋다.

"신규고객 수가 저번 달에는 3건이었는데 이번 달에는 벌써 5건이 군요."
"이 기획서의 차트는 정말 이해하기가 쉽게 제시되어 있네요."

구체적인 사실에 구체적인 평가를 실어 칭찬하므로 직원은 사장이 칭찬하는 의도를 의심할 필요가 없어진다. 사장의 칭찬은 직원에게 거부감 없이 받아들여질 것이다.

2. 긍정적인 맞장구를 활용한다

"아", "그래?"와 같이 상대의 말에 호응하는 맞장구는 실은 별 내용이 없는 짧은 말이다. 따라서 하지 않더라도 큰 차이가 생기지는 않을 거라 생각하기 십상이다. 하지만 이 맞장구만으로도 직원들에게는 상당한 칭찬의 효과가 전해진다.

- 역시 ○○ 씨네요.
- 저는 전혀 몰랐습니다.
- 대단하네요.
- 기왕 말이 나온 김에 좀 더 말해 주겠습니까?
- 그런 수가 있었군요. / 그거 대단하네요. / 그렇게 생각할 수도 있군요.

아주 짧은 말이지만 우리도 말을 하는 와중에 상대방으로부터 이런 말을 들으면 기분이 좋아지지 않나? 사장이 이런 긍정적인 맞장구를 하기만 해도 직원은 자신이 인정받고 칭찬받았다고 느낀다. 다만 아주 간혹 짧은 맞장구를 어색하게 느끼는 듯한 직원이 있다면 맞장구를 칠 때 한마디를 덧붙여 말해 주도록 하자.

- 역시 ○○ 씨네요. 이번 달도 팀에서 최고 성과를 내겠네요!
- 저는 전혀 몰랐습니다. 제가 프레젠테이션 자료를 직접 만들 때 방금 알려 준 그 기능을 꼭 써 봐야겠습니다.
- 방금 부탁한 걸 벌써 만들어 온 건가요? 대단하네요.

- 기왕 말이 나온 김에 좀 더 말해 주겠습니까? 방금 아주 흥미로운 제안을 들은 것 같습니다.
- 주택 회사에 접근해 본다 이거로군요. 그런 수가 있었군요.

반대로 생각해 보자. "아, 하지만", "뭐 어차피 그렇죠", "그렇기는 합니다만", "그건 아닌 것 같은데요"와 같은 부정적인 맞장구는 하지 않는 편이 좋다. 상대의 말을 부정할 수밖에 없을 때도 굳이 그런 맞장구까지 할 필요는 없다.

사소한 짧은 말임에도 불구하고 긍정적인 맞장구는 직원들에게 큰 효과를 발휘한다.

3. 성장을 칭찬한다

직원이 과거에 비해 개선된 부분을 칭찬해 보자.

"고객에게 DM을 보내는 문구가 아주 좋아졌네요."
"고객을 상대할 때 화술이 아주 유창해진 것 같습니다. 반년 전에 입사했을 때와 비교하면 정말 굉장한데요."

직원에게 조금이라도 좋아진 부분이 있으면 집어내어서 칭찬을 해 주도록 하자. 자신이 나아졌다는 사실을 직원 본인이 깨닫지 못하는 경우도 있다. 이는 참으로 안타까운 일이다. 그

나아진 점을 깨닫게 해 주면 직원의 업무 의욕은 분명히 상승한다.

4. 연상의 직원, 예민한 직원에게는 질문을 하면서 칭찬한다

"기획서를 참 잘 만드는군요", "프레젠테이션을 아주 잘하시네요" 같은 칭찬을 연상의 직원이나 성격이 예민한 직원에게 하면 그는 '당신에게 그런 말 듣고 싶지 않아', '사장이라 이거지?'라고 생각할 수도 있다. 사장이 칭찬 때문에 직원의 반감을 사게 되는 경우다. 그럴 때는 다음과 같이 질문 형식으로 칭찬하자. "어떻게 해야 이렇게 기획서를 알기 쉽게 쓸 수 있는 겁니까?", "어떻게 해야 그런 프레젠테이션 자료를 만들 수 있는 건가요?"

대부분의 사람들은 타인에게 무언가를 가르쳐 주는 상황을 좋아하고 "내게도 가르쳐 줄 수 있나요?"라는 질문을 받으면 자존감이 충족된다는 느낌을 받는다. 가르쳐 달라는 말을 듣고 기분이 나빠지는 사람은 거의 없다는 말이다. 그러니 질문 형식의 칭찬법은 누구에게도 부작용이 거의 없는 아주 안전하고 효과적인 방법이다.

5. 숫자를 사용해서 칭찬한다

논리적으로 생각하는 직원에게는 숫자를 사용해서 칭찬하

자. 칭찬의 수용 가능성이 크게 높아지고 업무 의욕도 즉각적으로 향상시킬 수 있다.

예를 들어 "불량품 발생률이 20퍼센트에서 15퍼센트로 줄었군요", "재방문율이 30퍼센트에서 40퍼센트로 상승했네요"라고 숫자를 사용해 말하면 상대방은 칭찬을 오해 없이 쉽게 받아들이고 자연스럽게 향후의 목표에 대한 생각을 이어나가게 될 것이다.

직원의 '단점'을 '장점'으로 탈바꿈시켜 주는 칭찬

● ● ●　　칭찬을 하고 싶어도 너무나 미숙해서 칭찬할 부분이 전혀 보이지 않는 직원이 있지 않은가?

나는 관리직 대상 연수를 진행할 때 "가장 신경이 많이 쓰이는 직원의 장점을 다섯 가지만 적어 주십시오"라고 말하는데 그러면 머리를 감싸 쥐는 사람이 적지 않다. 그리고 끝내는 너털웃음을 지으면서 "단점이라면 스무 개도 넘게 적을 수 있는데 장점은 적을 게 없네요"라고 말하는 사람들이 나온다.

사람은 무의식적인 상태에서는 상대의 장점보다 단점을 다섯 배나 더 많이 알아챘다고 한다. 다시 말해 의식하면서 눈여겨보지 않으면 직원의 부정적인 측면만 눈에 들어온다는 말이다.

리더 역할을 맡고 있는 사장 여러분들은 높은 업무 능력을 가지고 있을 것이다. 유능한 인재이므로 리더가 된 것이다. 자신에게도 타인에게도 엄격한 사람일 것이다. 그러나 직원은 아직 그렇지 않을 것이다. 리더는 직원들보다 경험도 지식도 우월하기 때문에 자신을 기준으로 생각하다 보면 직원의 부정적인 측면만 눈에 들어오기 십상이다. 그러므로 직원의 장점을 찾아내는 일을 아주 의식적으로 수행해 보아야 한다.

사실 장점과 단점은 동전의 앞뒷면 같은 관계다. 단점의 뒷면에 장점이 숨어 있다고 보아도 된다. 그렇기 때문에 말 표현을 한번 바꿔 보면 그간 부정적으로 여겼던 것의 긍정적인 의미를 파악할 수도 있을 것이다.

이런 발상을 심리학에서는 '리프레이밍(Reframing)'이라고 한다. 리프레이밍을 하는 것도 사장이 수행해야 하는 중요한 역할 중 하나다. "금방 싫증을 낸다"는 단점은 "호기심이 왕성하다"로 바꿔 말하고, "생각 없이 행동한다"는 단점은 "생각이 얕다"가 아니라 "행동적이다"라고 바꿔 말해 보면 되는 것이다.

신경질적이고 과감한 행동을 하지 못하는 직원이 있었다. 그의 단점을 나는 "○○ 씨는 신중하니까 중요한 기존 고객도 맡길 수 있겠습니다"라고 긍정적인 의미로 전환해서 말해 주었다. 이것은 이미 본인이 의식하고 있는 장점을 칭찬하는 것보다 훨씬 강력한 새로운 에너지를 만들어 줄 수 있는 방법이다. 뒤집어서 생각하면 칭찬을 통해 결점도 장점으로 바꾸어 줄 수 있는 것이다. 그러니 만약 직원과 대화나 논의를 하던 중에 문득 부정적인 말을 내뱉고 싶어졌다면 다르게 표현할 방법은 없을지 생각한 뒤에 이야기를 꺼내자고 마음먹어 보도록 하자.

단점을 단점으로 지적하고 끝내는 것이 아니라 그 이면에 있는 장점으로 바꿔서 표현하고 칭찬해 보자는 말이다. 단점이라고 생각하던 것을 장점으로 칭찬받으면 직원은 자신에게 들어온 긍정적인 에너지를 바탕으로 새로운 변화를 만들어 나갈 수 있다. 그리고 무엇보다도 자신의 좋은 부분을 제대로 봐 주고 있다는 생각에 사장을 신뢰하게 된다. 업무 의욕도 분명히 높아질 것이며 업무에 보다 적극적으로 임하게 될 것이다. 직원이 본래 가지고 있던 장점은 점점 강화되고 직원에게 맡길 수 있는 업무의 범위가 점점 넓어질 것이다.

특히 자신감을 잃어버린 직원이나 사내에서 단점이 두드러지게 드러나 버린 직원이 있다면 그들에게 이 방법을 꼭 사용해 보자. 분명 효과를 볼 것이다.

칭찬을 어색해하는 직원을
폼나게 칭찬하는 법

●　●　● 　　칭찬을 받으면 심하게 겸손해지는 사람들이 있다. 적지 않은 이들이 이런 성향을 가지고 있다. 이런 이들은 칭찬을 들어도 긍정적인 에너지를 충분히 일으켜 내지 못한다. 과거의 나도 그런 사람이었다.

　이런 이들에게 효과적인 칭찬법이 있다. 바로 'I-메시지법'이다. I-메시지법은 말할 때 주어를 '나'로 설정한다는 단 한 가지 규칙에 따르기만 하면 되는 간단한 말하기 방법이다. 그러니 말하는 이는 어디까지나 자신의 생각이나 느낌을 상대에게 전할 뿐이다. "항상 사소한 것까지 신경 써 주셔서 (제가) 큰 도움을 받고 있습니다", "○○ 씨의 이야기를 듣다 보면 (제가) 늘 공부가 됩니다" 등이 I-메시지의 예다.

I-메시지는 칭찬하면 겸손해지는 사람들이나 칭찬하는 이의 의도를 수상하게 생각하는 사람들에게 특히 효과적이다. '나는 이렇게 생각한다'라는 내용만을 담은 메시지일 뿐 상대를 일반화하여 평가한 메시지가 아니므로 상대방도 메시지를 받아들이기가 쉽다.

설령 상대가 "그렇지 않습니다", "정말 그렇게 생각하십니까?"라고 말하더라도 "아닙니다. 저는 정말 그렇게 생각합니다"라고 대답하면 된다.

I-메시지법과 대조를 이루는 칭찬법으로 YOU-메시지법이 있다. 이것은 YOU(상대)를 주어로 설정하여 말하는 메시지다. 이를테면 "○○ 씨(상대방)는 말을 참 조리 있게 하는군요", "○○ 씨는 프레젠테이션을 참 잘하네요" 같은 칭찬이다. 주어를 생략한 채로 "말을 참 조리 있게 하는군요", "프레젠테이션을 참 잘하네요"처럼 말하더라도 여전히 YOU-메시지다.

직설적인 칭찬법의 힘이라는 게 있기는 하지만, 이는 어디까지나 상대방을 평가 대상으로 두고 평가한 뒤 평가 내용을 말로써 일반화한 결과물이기 때문에 상대방은 이런 말을 받아들이기가 부담스러울 수 있다. 위에서 내려다보는 시선이 느껴진다며 반발할지도 모른다.

　직원을 칭찬하는 것이 서툰 사람들이 이 YOU-메시지를 사용하고 있는 경우가 많다. I-메시지로 한번 바꿔 보도록 하자. 상대방의 반응이 달라질 것이다.

회사에 특별한 에너지를 불러일으키는 '트라이앵글 칭찬법'

● ● ●   직원을 칭찬할 때 어떤 자리를 골라 어떻게 말을 하고 있나? 직원과 독대하는 자리에서 1 대 1로 칭찬을 하는 것도 좋지만 그렇게 칭찬을 받으면 직원은 칭찬의 진실성을 의심할 수도 있다. 그러면 칭찬의 효과는 일어나지 않을 것이다. 그러니 제삼자를 등장시켜 칭찬해 보자. 제삼자를 등장시켜 칭찬을 하면 칭찬을 받는 쪽도 칭찬을 한결 거부감 없이 받아들일 수 있기 때문이다. 이 방법을 '트라이앵글 칭찬'이라고 부른다. 세 가지 트라이앵글 칭찬법을 소개해 보겠다.

1. 제삼자가 칭찬한 것을 대신 전해 준다

I-메시지 이상으로 효과적인 칭찬법이 We-메시지다. 'We'는 문자 그대로 '우리'라는 의미다. '나와 제삼자'라는 복수가 주어가 된다. 이렇게 제삼자가 들어가면 신뢰감이 단번에 높아진다. 구체적으로는 다음과 같은 화법이다.

> "얼마 전에 경영 회의에서 부사장님과 이야기를 나누다 보니 '요즘 들어 김 과장이 신규고객 확보 건수를 늘리는 등 여러모로 업무를 열심히 하고 있는 것 같다'라는 점에서 의견이 같더군요."

> "영업 담당자들과 이야기를 나누다 보면 '김 과장님이 항상 세심하게 지원해 주셔서 많은 도움을 받고 있습니다'라는 말이 항상 나오더군요."

어떤가? 듣는 이의 입장에서 생각해 보자. 자신이 없는 곳에서 자신에 대한 이야기가 나왔음을 알면 기분이 좋아진다. 그리고 칭찬의 내용을 의심하지 않게 된다.

이 방법은 팀 내 인간관계가 삐걱거릴 경우에 사용해도 효과가 있다. 같은 프로젝트팀 내에 사이가 그다지 좋지 않은 A와 B가 있다고 가정하자. 이 경우, A에게는 "B하고 같이 영업을 나갔을 때 B가 A의 기획서는 이해하기가 쉬워서 많은 공부가 된다고 하더군요"라고 말을 전해 보자. 한편 B에게는 "A하고 이야기를 나눴는데 요전에 B가 회의에서 이야기했던 성공 사례가 참고가 되었다고 하더군요"라고 전해 보자.

그러면 A는 '오, B도 보는 눈이 있군'이라고 생각하게 되며 B를 대하는 태도를 조금은 달리하게 된다. B도 마찬가지다.

이심전심이라는 말이 있지 않은가. 사람은 자신을 호의적으로 대하는 사람에게 호의를 품기 마련이다.

2. 직원이 없는 자리에서 그를 제삼자에게 칭찬한다

이 방법은 칭찬의 대상이 되는 사람을 앞에 두고 칭찬하는 방법이 아니기 때문에, 칭찬하는 말하기를 쑥스러워하는 사장들이 어렵지 않게 적용해 볼 수 있는 칭찬법이다.

사람이 여럿 모이면 그 자리에 없는 사람이 화제에 오르기 쉽다. 그리고 칭찬보다는 험담을 하는 일이 많다. 한 회사의 구성원들이 여럿 모인 경우라면 그런 경향이 더욱 강해진다.

자리에 없는 사람에 대한 험담은 반드시 당사자에게 전해진다. 게다가 말이란 실제보다 과장되어 퍼지기 때문에 험담을 한 사람과 험담의 대상이 된 사람의 인간관계는 분명히 악화된다. 특히 실적이 부진한 회사라면 이런 경향이 더욱 강하게 나타난다.

그런데 반대의 경우도 마찬가지다. 그 자리에 없는 사람을 칭찬하는 경우, 사람들을 거치며 말이 덧붙어 처음 칭찬했던

그 말보다 과장된 내용과 더욱 좋은 형태로 당사자에게 전해진다. 그래서 상대와의 관계가 나아진다. 관계가 나아지면 같은 부탁을 해도 당연히 결과물이 달라진다.

3. 직원이 있는 자리에서 그를 제삼자에게 칭찬한다

제삼자에게 직원을 소개할 때 그 사람을 치켜세워 보자. 이 칭찬법은 효과가 매우 크다.

나는 영업팀 직원과 함께 고객을 만나는 자리에서 이 방법을 자주 이용했다. 직원의 뛰어난 점을 칭찬하며 치켜세우면 직원도 기가 살아날 뿐 아니라 고객도 기분이 좋아지는 이중의 효과가 있다. 이 방법을 꼭 한번 시도해 보자. 이런 칭찬을 하는 사장 본인을 향한 직원의 평가뿐만 아니라 고객의 평가도 높아지는 걸 느낄 것이다.

"○○ 씨는 자신이 맡은 업무를 마치면 다른 직원들의 업무를 도와주는 등 정말 일을 열심히 하는 직원입니다."

"○○ 씨는 평소에 항상 관련 부서나 회사 외부 사람들과 커뮤니케이션을 하면서 아주 다양한 정보를 수집하는 정보통입니다. 그러니 분명 고객님께도 유익한 정보를 제공해 드릴 겁니다."

"○○ 씨는 저희 지점에서도 최고의 성적을 자랑하는 영업사원입니다. 이 직원에게는 안심하고 맡겨 주셔도 됩니다."

가능하면
당연한 일을 한 직원도
칭찬하라

●●● 누가 봐도 뛰어난 능력을 지닌 사람이나 실적을 올리고 있는 사람을 칭찬하기는 쉽다. 그러나 경험이 별로 없는 직원은 애써 의식하지 않으면 칭찬할 일을 찾기가 어렵다. 하지만 정말 칭찬이 필요한 직원들은 바로 이들이다. 그런 직원들을 칭찬하는 방법을 소개해 보겠다.

1. 당연히 할 수 있어야 하는 것을 칭찬한다

'지시받은 일을 수행하는 건 당연한 일이다' 혹은 '당연히 할 수 있어야 하는 일을 칭찬할 필요는 없다'라고 생각할 수도 있겠다. 하지만 지시대로 업무를 실행했다는 것은 사실 훌륭한 일이다. 그가 '지시를 실행할 능력이 있다', '주의 깊게 일했다', '의욕이 있다'라는 숨은 뜻을 읽어 낼 수 있기 때문이다. 그러니 다음과 같은 다소 당연한 일에도 칭찬의 표현을 덧붙여 주도록 하자.

- **지시받은 일을 해낸 사람에게**
  사소한 부분까지 철저하게 해 줘서 고마워요.
  이것 말고도 해야 할 일이 많았을 텐데, 꼼꼼하게 해 줘서 고맙습니다.

- **오탈자가 없는 서류를 작성한 사람에게**
  ○○ 씨에게는 안심하고 서류 작성을 부탁할 수 있어서 안심이 됩니다.
  검토에 시간을 아끼지 않은 게 눈에 보이네요.

- **기일 내에 일을 마친 사람에게**
  덕분에 예정대로 다음 공정을 진행할 수 있게 되었습니다.
  역시 책임감이 강하군요.
  일을 계획적으로 진행하는군요.

- **부르면 대답을 잘하는 사람에게**
  직원들 모두가 서로를 대할 때 본받아 줬으면 하는 생각이 들 정도입니다.
  항상 활기차게 대답해 줘서 제가 늘 기분이 좋아집니다.

2. 꼬리표 칭찬을 한다

'꼬리표 칭찬법'이 있다. 이 방법은 업무 경험이 없는 신입사원부터 경력이 아주 많은 직원까지 아주 폭넓게 효과를 발휘하는 칭찬법이다.

예를 들어 '엑셀 함수에 관해 물어보려면 A에게 가자', '파워포인트 제작에 관해 물어보려면 B에게 가자', '정보 관리에 관해 물어보려면 C에게 가자'와 같이 직원들에게 '유능' 꼬리표를 붙여서 직원 한 사람 한 사람을 브랜드화하는 것이다.

이 방법은 직원들의 인정 욕구를 충족시키기 때문에 아주 효과적이다. 또한 직원은 '이렇게 평가받고 있으니, 이 분야에 더욱 강해져야 해'라고 생각하게 되므로 자발적으로 그 분야의 능력을 강화해 나갈 것이다. 많은 직원들로부터 질문을 받거나 조언을 요청받게 되므로 그 직원은 그 분야에 더더욱 강해질 것이다.

THE TONE OF THE BOSS

WHO MAKES A PROFIT

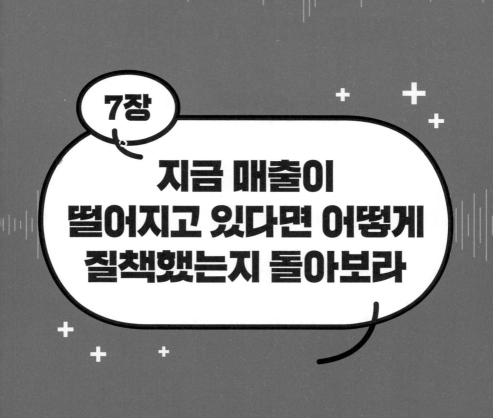

7장

지금 매출이
떨어지고 있다면 어떻게
질책했는지 돌아보라

직원을 질책하려면
특별한 정성을 들여야 한다

● ● ●　질책은 쉬운 일이 아니다. 하는 사람에게도 듣는 사람에게도 질책은 견디기 어려운 면이 있다. 업무 진행에 문제가 있으면 그 과정을 밝혀내고, 재발을 방지하기 위해 짧게든 길게든 직원을 문책해야만 하는 경우가 있다. 하지만 질책을 받은 직원은 그것이 아무리 정당한 질책이었더라도 질책을 받았다는 사실 자체로 인해 침울해져 버리고 일에 대한 열정을 잃어버릴 수도 있다. 하지만 문제 상황을 제때 제대로 파악하고 질책을 하지 않으면 직원의 행동은 개선되지 않는다. 문제

상황이 반복될 가능성을 방치할 수는 없다. 그러니 사장이라면 현명하게 질책하도록 하자. 직원을 현명하게 질책하기 위한 기본 원칙 다섯 가지를 아래에 소개해 보겠다. 이 다섯 가지 원칙은 해야 할 일 세 가지와 하지 말아야 할 일 두 가지로 이루어져 있다.

1. '왜'가 아니라 '무엇'을 묻는다

문제가 발생된 정황을 파악하기 위해 '왜'를 묻는 것은 문제를 일으킨 사람에 초점을 맞춘 질문이다. 반면 '무엇'에 대해 묻는 것은 사안의 진행에 관련된 규칙이나 상황, 현상 등의 요인에 초점을 맞춘 질문이다.

"○○ 씨, 왜 이런 일이 일어났나요?"라는 질문을 사장으로부터 받으면 직원은 사장이 문제의 원인을 직원 자신의 판단 부족 혹은 실행 부족의 문제로 보고 있다는 생각에 이미 말문이 막혀 버릴 수밖에 없다. 사장의 이런 말이 직원에게는 질문이 아니라 비난으로 여겨질 것이다.

직원이 깊이 반성을 하게 하는 것도 바람직한 일이지만 사장에게 그보다 더 중요한 일은 그의 행동이 실제로 개선되는 것이다. 그 목적 달성을 어렵게 만드는 말투는 사용하지 않는 게 타당하다.

한편 '무엇'에 대해 질문하면 직원은 자신의 행동 중 과연 어디에 문제가 있었던 것인지에 초점을 맞춰 지난 일을 되돌아보게 된다.

"왜 기일에 맞춰 끝내지 못했나요?"

"○○ 씨가 기일에 맞춰 일을 끝내지 못하게 된 요인에는
무엇이 있을까요?"

질문을 이렇게만 바꿔도 직원은 대답하기가 수월하다. 그리고 앞으로의 일을 고민할 수 있게 된다. 둘 중 어떤 말이 사장의 목적 달성을 돕는 말일까? 당연히 후자가 그렇다.

2. 질책 포인트를 한 가지로 압축한다

한 번에 여러 가지를 지적받으면 직원은 무엇부터 고쳐야 할지 혼란스럽고 심하게 절망하게 된다. 행동 교정의 우선순위를 명확히 해 주기 위해서라도 한 번에 단 한 가지만 질책하도록 하자.

이와 관련하여 사장이 흔히 하는 실수 중에, 지금 눈앞에서 벌어진 일이 아니라 과거의 일까지 끄집어내어 질책하는 경우가 있다. 기억하자. "그러고 보니 그때도 이랬지요"라는 말은 무조건 안 하는 게 낫다.

나도 영업사원 시절에 사장으로부터 한 번에 수많은 지적을 받은 적이 있었다. 내 잘못을 고치겠다는 의욕이 가득했던 때임에도 불구하고 여러 가지를 한 번에 지적받으니 어디서부터 어떤 순서로 고쳐 나가야 할지를 알 수가 없어 몹시 혼란스러웠고 당장의 업무 수행에 차질이 빚어질 것 같았다. 그렇다 보니 나는 다음에 또 다른 기회가 있겠지 생각하며 질책받은 사항을 당장은 무시해 버리고 말았다.

3. 개선안을 제공한다

질책에는 꼭 개선안이 뒤따라야 한다. 직원이 개선안을 직접 생각하도록 할 수도 있을 것이다. 하지만 이는 창의성, 자기 분석 능력, 비판적 사고력을 요하는 일이다. 이 중 어떤 요인이 직원에게 미비할 수 있고, 직원이 이런 일 자체에 미숙할 수도 있다. 그러니 직원이 직접 개선안을 생각하게 하는 것은 사장의 입장에서는 시간과 비용이 더 들어가는 고비용의 방법인 셈이다. 그러니 특별한 상황이 아니라면 사장은 직원을 질책할 때 개선안을 함께 덧붙여 '어떻게 하면 나아질 수 있는가?'에 대한 답을 제공해 주자.

4. 질책에 분노를 섞지 않는다

질책이란 결국 상대방의 행동 개선을 촉구하기 위한 행동이다. 그러니 말을 할 때 상대방의 관점에서 생각하고 그에 알맞게 말을 해야 말의 목적을 달성할 수 있다. 하지만 분노를 드러낸다는 건 화를 품게 된 본인의 관점을 굳이 드러내는 일이다. 사장의 분노는 직원의 관점과는 아주 다른 관점으로부터 기인했을 가능성이 높으니 사장의 분노 표현은 직원의 행동 개선에 긍정적인 영향을 미치지 못할 가능성이 아주 높다. 그런 태도는 문제 해결에 아무런 도움이 되지 않는다. 사장은 감정을 절제하고 특히 표현을 조절해야 할 필요가 있다.

5. 직원의 능력을 부정하지 않는다

분노에 휩싸이면 직원의 능력을 부정하고 그걸 넘어 인격마저 부정해 버리는 사장들이 있다. 다음과 같은 말은 절대 쓰지 말아야 한다. 직원의 능력을 부정하는 건 사실 사장 자신의 능력을 부정하는 일이라는 사실을 절대 잊지 말자.

"애당초 ○○ 씨에게 그 일을 맡긴 나에게도 잘못이 있습니다."
"그런 것도 모릅니까?"
"그런 것도 못하다니 부끄럽지 않나요?"
"○○ 씨는 믿을 수가 없군요."

질책에 분노가 섞이지 않게
해 주는 방법 5가지

●　●　●　　질책을 할 때는 감정을 드러내며 화를 내서는 안 된
다. 이 당연한 원칙을 알면서도 화를 그대로 표출해 버리고 만
다. 나도 갓 사장이 되었을 무렵에는 직원이 실수를 저지르거
나 내가 지시한 대로 일을 하지 않으면 불같이 화를 내서 순간
온수기가 아니라 만년 온수기라는 별명을 얻은 적이 있었다.

　직원이 자신이 추궁을 받아 마땅한 상황임을 알고 있더라도
사장이 자신에게 화를 내 버리면 마음속에는 '사장이 나에게
화풀이를 했다'라는 나쁜 이미지가 압도적으로 강력하게 남아

버린다. 그러니 정말로 중요한 '행동의 개선'까지는 직원의 생각이 미치지 못하게 된다. 화를 낸 쪽도 이미 감정적인 상태에 이르렀기 때문에 직원이 개선했으면 하는 점에 대해 논리적으로 제대로 전달하지 못하고, 최악의 경우에는 정작 중요한 내용은 잊어버려 전하지 않기도 한다. 이래서는 질책하지 않으니만 못하다.

이렇게 되지 않으려면 어떻게 해야 할까? 질책해야 할 때 분노를 섞지 않고 표현하기 위해서는 감정 조절이 필요하다. 감정을 가라앉혀 주는 방법을 몇 가지 소개해 보겠다.

1. 분노를 종이에 적는다

종이에 적는다는 행위는 그것만으로도 마음을 차분하게 가라앉히는 효과가 있다. 또한 해당 사안에 있어서 어떤 점이 문제였고 이를 누구에게 어떻게 지적해야 효과적일지를 분석적으로 접근해 볼 수 있다는 큰 이점이 있다.

2. 일단 자리에서 벗어난다

문제 상황이 벌어졌고 눈앞에 있는 직원에게 감정을 드러내며 화를 낼 것 같은 그런 상황을 떠올려 보자. 어떻게 하는 게 좋을까? 그럴 때는 잠시 생각을 정리하고 싶으니 10분만 기다려 줄 수 있겠느냐고 말한 뒤 그 자리에서 벗어나 잠시 걷기를

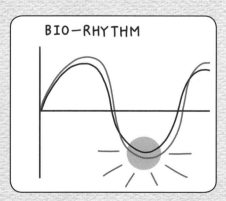

권한다. 자리에서 벗어나는 것만으로도 분노가 내려가는 걸 느낄 수 있을 것이며 어떻게 대응해야 할지를 냉정하게 생각하기 시작할 수 있을 것이다.

3. 분노를 점수로 매긴다

인생에서 가장 많이 화가 났을 때를 10점 만점으로 놓고 해당 사안에 대한 분노가 몇 점인지 생각해 본다. '이번에는 2점짜리 분노로군'과 같은 식으로 생각하게 되니 지금의 분노가 아주 대단한 것은 아니라고 생각하게 될 것이다.

4. 마음을 차분하게 만들어 주는 물건을 준비해 놓는다

분노를 억제하고 마음을 치유시켜 주는 사진을 스마트폰이나 컴퓨터의 배경화면에 준비해 놓자. 가족이나 사랑하는 이의 사진, 반려동물의 사진, 멋진 경치 사진 등 보기만 해도 마음이 치유되고 감정을 차분하게 가라앉혀 주는 것을 언제든 즉시 볼 수 있도록 준비해 놓는 것이다. 혹은 냉정함을 회복하게 도와주는 명언을 평소에 적어 두고 분노가 일어날 때마다 다시 읽어보는 것도 좋은 방법이다.

5. 자신이 언제, 어떤 장소에서, 어떤 상황일 때
분노하는지를 분석하고 미리 주의한다

사람에게는 저마다 바이오리듬이 있다. 화가 잘 나는 시간대가 있다. 내 경우에는 점심식사 전과 영업을 마치고 회사로 돌아온 직후인 17~18시가 그런 시간대였다.

이런 시간대에는 긴급한 경우가 아니라면 직원의 보고나 연락, 상의에 응하지 않도록 하자. 혹은 왠지 자주 분노를 느끼게 되는 직원이 있다면 이 시간대에는 그의 근처에 가지 않는다는 자기만의 규칙을 정해 놓는 것도 좋다.

절대 직원의 모든 것을
부정하지는 마라

● ● ●　다음 상황을 상상해 보자. 사장은 대형 가망고객인 A
사의 공모에 제출할 60쪽 분량의 기획서를 직원에게 만들도록
지시했다. '어떻게든 주문을 따내고 싶다'라고 의욕을 불태운
직원은 일주일 내내 막차 시간까지 야근을 하며 기획서를 작성
했다. 사장은 어떤 기획서를 받게 될지 몹시 기대했다. 기획서
를 받아 꼼꼼히 검토했다. 하지만 너무나 실망스러웠다. 회사의
장점은 보다 더 부각되어야 했고 결점에 대한 보완책은 충분히
제시되어 있지 않았다. 답답한 마음에 그대로 말을 퍼부었다.

"이게 뭡니까? 내가 지시한 내용이 하나도 들어 있지 않잖아요. 완전히 엉망이군요. 이제 됐습니다. 나머지는 내가 하겠어요. 역시 ○○ 씨에게는 짐이 너무 무거웠네요."

다짜고짜 이런 말을 들으면 직원은 상당히 큰 충격을 받을 것이다. 의욕도 크게 떨어질 것이 분명하다. 위의 말에는 기본적으로 두 가지 문제점이 있다.

1. 모든 것을 부정해 버렸다

사장으로서는 자신이 예상했던 내용이 기획서에 들어 있지 않으니 직원을 다짜고짜 질책하고 싶어졌을 것이다. 그러나 모든 것을 부정하는 건 금물이다. 질책의 신뢰도가 오히려 급감하게 된다.

기획서 안에는 양호하게 처리되어 있는 부분도 분명 있었을 것이다. 전체적으로 아주 엉망인 기획서였더라도 이를 질책하고자 한다면 우선 아주 소소한 부분이라도 양호한 부분을 찾아내야 한다. 힘이 들더라도 해내야 한다. 그게 직원을 둔 사장의 일이다. 만약 아무리 찾아도 양호한 부분이 전혀 없다는 생각이 든다면 직원이 기획서를 열심히 작성해 제출했다는 그 행동만큼은 분명하게 인정해 주어야 한다.

2. 구체적으로 어떤 행동을 어떻게 개선해야 할지를 제시하지 않았다

질책의 목적은 '행동의 개선'이다. 그러니 사장은 직원을 질책할 때 행동을 구체적으로 어떻게 개선해야 할지를 제시해야만 한다. 하지만 위의 경우에서 사장은 직원에게 이렇게 말했을 뿐이었다. "완전히 엉망이군요."

분명 사장은 굉장히 바쁠 것이다. 사업을 할 때 시간은 가장 귀중한 자원이다. 이 경우처럼 사장이 "나머지는 내가 하겠어요"라고 직원으로부터 일을 빼앗으면 직원은 업무를 빼앗겼을 뿐 아니라 성장 기회를 빼앗긴 셈이다.

그러니 직원에게 기획서 수정을 진행시키다 보면 시간이 부족할 것 같다는 생각이 들더라도 직원에게 적절한 피드백을 해주는 것이 사장으로서 옳은 선택이다.

사장이 기획서를 훑어본 뒤 직원에게 바로 질책을 말을 던지지 않고 그저 다음과 같은 한마디를 던졌다면 상황은 최소한 나빠지지는 않았을 것이다.

"수고했습니다. 열심히 만들어 줘서 고마워요. 잠시 읽어 볼 수 있도록 시간을 좀 주겠어요?

이렇게 말하면 기획서를 읽어 볼 시간이 생기므로 일부 양호한 부분도 찾아낼 수 있었을 것이다. 설령 잘 만든 부분을 전혀 발견하지 못했더라도 화를 내지 않은 채 머릿속을 정리하고 나서 직원이 어떤 행동을 어떻게 개선해 보게 할 것인지를 분명히 제대로 밝혀서 전달할 수 있었을 것이다.

사장의 지나친 배려는
독이 된다

●●● 　직원들에게 말을 강하게 하기 어려워하는 사장들이 있다. 마음씨가 좋아서다. 이런 사장들은 하기 어려운 이야기를 직원에게 해야 할 때라든가 주의를 줘야 할 때가 되면 다음과 같은 식으로 말을 시작한다.

"딱히 중요한 이야기는 아닌데, 잠시 시간을 내 줄 수 있나요?"
"월말이라 바쁠 텐데 이런 이야기를 해서 미안합니다."
"나도 이런 말을 할 처지는 아니지만…"

이 말에는 사장의 입장에서 상대 직원을 상당히 배려하는 사려 깊은 마음씨가 담겨 있다. 하지만 사장이 이런 식으로 이야기를 꺼내 버리면 뒤에 이어진 질책의 말까지 모두 듣고 난 뒤에도 직원은 다음과 같이 생각해 버리고 만다.

'아주 중요한 이야기는 아니구나.'

'가장 먼저 미안하다고 말한 걸 보니 진짜로 내게 질책을 하려던 게 아니라 형식적으로 어쩔 수 없이 한마디 한 것이구나.'

'뒤에 질책을 하긴 했지만 애초에 그런 말을 할 처지가 아닌 건 알고 있다고 했으니 꼭 시정해 달라는 말은 아닐 거고 어느 정도 고려를 좀 해 달라고 내게 부탁을 한 것이겠구나.'

직원은 사장의 의도를 완전히 잘못 받아들여 버렸다. 사장은 분명 직원을 질책하고자 했다. 하지만 상대를 배려하는 말하기를 하는 바람에, 사장의 메시지 자체가 직원들에게 제대로 전해지지 않았다. 안타까운 일이다. 사장으로서는 기껏 용기를 내서 질책했는데 무시당하고 말아 버린 것이다. 이는 직원들이 사장을 무시한 게 아니다. 사장이 스스로 무시당한 셈이다.

그렇다고 해서 공격적으로 말하라거나 허세를 부리라는 말은 전혀 아니다. 그렇게 한들 마찬가지로 의미가 없을 테니 말이다.

그렇다면 어떻게 해야 할까? 다음 방법을 따라 해 보자. 말을 꺼내기가 어렵다는 기분이 들었다면 그 기분을 감추지 않고 그대로 드러내자. 그런 다음 직원에게 전달하고자 하는 '중요한 이야기가 있다는 점' 그 자체를 분명하게 언급하자.

"가능하면 말하고 싶지 않았지만 중요한 이야기이니 진지하게 들어 줬으면 합니다."

"기분 나쁘게 들릴 수도 있겠습니다만 그래도 중요한 이야기라서 하고 넘어가야겠습니다."

이렇게 불안감이나 두려움, 죄책감 등을 공개하고 '중요한 이야기'를 말하려고 한다는 점을 표현하자. 그러면 말하는 이는 불안감이나 두려움이 경감되어서 매끄럽게 이야기를 진행할 수 있는 상태가 될 것이다. 듣는 이도 '나에게 어떤 말을 건네기를 조심스러워했고, 그 마음을 솔직히 고백해 주었어'라며 오히려 호감을 느낄 것이다.

'그런 식으로 말을 하면 직원에게 얕보이지 않을까?'라고 생각하는 사장이 있을 것이다. 하지만 전혀 그렇지 않다. 직원들에게 정말로 얕잡히는 사장은 바로 허세를 부리는 사장이다.

피해야 할 것이 한 가지 더 있다. "~인데…", "~해 줬으면 좋겠는데…"와 같이 말끝을 흐리는 화법은 절대 쓰지 말자. 이렇게 말끝이 흐려지면 질책하는 내용에 대해 말하는 이가 그다지 확신을 가지고 있지 않으며 직원의 업무 행동이 개선되기를 아주 강력하게 바라지는 않는다는 잘못된 메시지가 듣는 이에게 전달되기 때문이다. 그러니 어조는 처음부터 끝까지 명확하고 힘 있게 유지하도록 하자.

바로 써먹을 수 있는
'샌드위치 질책법'

사장 "민주 씨! 요즘 계속 일일 업무 일지를 제출하지 않고 있는데 어떻
게 된 겁니까?"

직원 "죄송합니다…(나도 바빠서 어쩔 수가 없는데)."

일일 업무 일지를 제출하지 않은 것은 분명 직원의 잘못이
다. 하지만 이와 같은 방식으로 갑자기 질책해 버리면 직원은
반발심이나 수치심을 느껴 자신의 잘못을 제대로 받아들이지
못할 수 있다.

다시 한번 강조하지만 질책의 핵심 목적은 직원의 행동을 개선하는 것이다. 이 목적이 달성되기 위해서는 꼭 갖춰져야 하는 한 가지 전제조건이 있다. 직원이 회사 업무에 대한 의욕을 상실하지 않는 것이 바로 그것이다. 즉 질책의 목적을 달성하기 위해서는 사장은 직원이 업무 의욕을 상실하지 않도록 관리를 해야 한다. 그저 질책만 해서 직원의 의욕이 급감하게 하는 것은 사장이 해야 할 일과는 아주 거리가 멀다.

그래서 나는 사장들에게 '샌드위치 질책법'을 권한다. '샌드위치 질책법'은 질책하는 말의 앞뒤를 칭찬으로 감싼 뒤, 그 말 전체를 직원에게 전하는 방법이다. 이 방법을 사용하면 직원은 자신을 칭찬해 주고 좋게 봐 주는 사장에게 실수를 하고 말았다고 생각하고 스스로 자신의 실수를 반성하게 된다.

사람은 타인의 장점보다 단점을 다섯 배는 더 많이 찾아낸다고 한다. 의식하지 않으면 타인의 단점 즉 질책할 부분만 눈에 들어오는 게 보통이다. 직원의 전부를 부정해 버리게 되는 건 바로 이 때문이다. 그런데 '샌드위치 질책법'을 사용하면 질책의 앞뒤에 붙일 칭찬거리를 찾아내야 하므로 직원의 전부를 부정해 버리는 실수를 저지를 가능성을 원천봉쇄할 수 있다. 또한 샌드위치 질책법은 질책하는 일에 서툰 사람도 질책하는 말을 완곡하게 전할 수 있게 해 준다는 장점이 있다.

그러나 완곡하게 말하는 중에도 행동 개선에 관한 부분은 분명하고 정확하게 지시해야 한다. 그러려면 말의 흐름을 어떻게 잡아야 할까? 샌드위치 질책법은 '칭찬① + 질책 + 칭찬②'의 흐름으로 이어지는 말하기인데 '칭찬②' 부분에 주목해 보자. 이 부분에서 사장은 직원이 이런 생각을 하게 해 주면 좋다. '행동을 개선하지 않으면 나에게 아까운 일이 벌어지겠는데?' 예를 하나 들어 보겠다.

칭찬① "진영 씨, 데이터 작성을 항상 기한 내에 해 줘서 고마워요."

질책 "그런데, 최근 들어서 실수가 늘어나고 있다는 느낌을 종종 받고 있습니다. 그 부분은 신경 써 줬으면 좋겠습니다."

칭찬② "다른 직원들 모두가 '엑셀 하면 진영 씨'라고 신뢰하고 있는데 그 값진 신뢰에 흠집이라도 생기면 내가 너무 아까울 것 같습니다."

칭찬① "원준 씨, 이번 달에도 월초부터 실적이 좋군요. 사장으로서 정말 고맙게 생각하고 있습니다."

질책 "그런데, 제작부의 지난달 업무실적에 문제가 있어 조사하다 지난달에 원준 씨의 발주서에 오류가 있어서 곤란한 상황이 두 번 발생했었다는 이야기를 들었습니다. 주의해 주기 바랍니다."

칭찬② "좋은 실적을 올리고 있어서 승진 이야기도 나오고 있는데 문제가 계속 불거지면 너무 아까울 것 같습니다."

잘못을 알려 준 뒤에
사장이 꼭 해야 하는 일

• • • 　직원을 질책해야 하는 이유에 대해 생각해 보자. 직원의 업무 수행 방식을 나무라는 것 그 자체는 질책의 목적이 아니라 과정이다. 직원을 질책하는 이유이자 목적은 일부 미진한 업무 수행 방식을 나무람으로써 바로잡는 것이다. 누구든 질책을 받으면 그 기분이 오래 남기 마련이다. 직원이 자책하며 부정적인 기분을 필요 이상으로 오래 가지지 않도록 관리해 주자. 그것도 고용주로서 사장이 해야 하는 일이다. 구체적으로는 다음과 같이 행동해 보기를 권한다.

1. 질책한 후에는 화제를 빠르게 전환한다

내가 예전에 직원으로서 만났던 사장 U는 나를 질책한 뒤에 그것과는 전혀 상관이 없는 이야기를 이어 나갔다. 가령 내가 A 사와 관련된 일을 하다가 실수를 저질렀고 그에 대해 U가 질책을 했다면 다음날에 실수를 수습하기 위해 A사에 함께 영업을 나가면서 "아, 그러고 보니 내일 B사와의 약속이 11시였던가요?"라며 화제를 전환하는 식이었다. 다른 업무에 대한 이야기를 함으로써 직원의 기분을 전환시키려 했던 것이다. 그의 이런 말에 나는 큰 고마움을 느꼈고 실제로 아주 도움이 되었다. 이런 말을 듣고 나면 나는 다음과 같이 생각하며 기분을 긍정적으로 전환시킬 수 있었다. '그래. 잘못을 저지른 사람이 풀이 죽어 있기까지 하면 안 되지. 오늘 A사 업무를 잘 수습하고 내일 B사의 영업에도 최선을 다해야지.'

U가 그랬던 것처럼 직원을 질책한 뒤에 그 일과 관련 없는 다른 이야기를 직원과 나눠 보는 것은 꽤 효과가 좋은 방법이다. 다만, 업무 이야기에 한정하여 화제를 고르기 바란다. "그러고 보니 주말에 서핑을 하러 바다에 간다고 했던가요?" 하는 취미생활에 관한 이야기나, "다음 주에 아이의 운동회가 있다고 했지요?" 하는 사생활에 관한 이야기로는 별다른 효과를 보지 못할 것이다. 사장이 아주 의도적으로 자신의 기분을 달래 주려 한다는 점을 직원이 눈치채 버리고 오히려 더욱 비참한 기

분이 될 가능성이 높기 때문이다. 또한 취미나 사생활에 관한 화제를 선택하는 것은 앞선 질책으로 인해 발생한 반성의 기운을 업무에 대한 의욕으로 전환시켜 주는 다리를 단절시키므로 좋지 않은 선택이다.

한 가지 유의해야 할 행동이 있다. 최근에는 많이 줄었지만 직원을 질책한 뒤에 그에게 "한잔하러 갈까요?" 하고 술자리를 권하는 것은 삼가도록 하자. 질책을 당한 부하는 그 자리에서 빨리 벗어나고 싶을 것이다. 그렇게 하지 못한 채 사장과 계속 함께 있어야 한다면 그는 질책을 당한 부정적인 기분에서 오랜 시간 동안 벗어나지 못하게 된다.

2. 다음 첫발을 내딛도록 돕는다

질책의 목적은 무엇인가? 업무 수행 방식의 개선이다. 즉 '앞으로 무엇을 할 것인가?'가 중요하다. 따라서 질책했다면 직원에게 이렇게 물어보자. "무엇부터 시작해 보겠습니까?" 괜찮은 대답이 나왔다면 "그렇게 해 보십시오"라고 말해 주자.

만약 그다지 좋은 대답이 나오지 않은 경우에는 "다른 방법은 없을까요?"라고 질문하면서 직원이 괜찮은 답에 스스로 도달하도록 돕자.

이때 직원이 난이도가 높지 않은 업무 수행 방식부터 고쳐 나갈 수 있도록 피드백해 주도록 하자.

3. 질책하면서 감정을 드러냈다면 제대로 사과한다

화를 내 버리고서 "아까는 미안했습니다"라고 사과를 함으로써 지난 실수를 없던 일로 만들고자 하는 건 아주 잘못된 일이다. 하지만 아주 감정적으로 말을 해서 직원이 이미 큰 충격을 받은 경우라면 이야기가 다르다. 제대로 사과해야 한다. 하지만 질책한 사실까지 취소해서는 안 된다. 감정적으로 표현한 자신의 태도에 대해 진심으로 사과하도록 하자. 질책한 내용에 대해서는 다시 언급하지 말고, 자신의 무절제했던 태도와 말을 심하게 내뱉었던 사실에 대해 구체적으로 사과하도록 하자.

질책에 반발하는 직원에게는 어떻게 해야 할까?

● ● ●　　질책한 뒤에 직원이 보이는 반응에 어떻게 대처해야 하는지를 고민하는 사장들이 적지 않다. 질책 이후 직원을 대하는 방법에 대해 이야기해 보자.

　실제로 나는 경영자들이 참석하는 연수에서 사장들에게 다음과 같은 이야기를 자주 들었다. "질책하기에 부담스러운 직원이 있다." 즉 '질책에 반발하는 직원'에 대한 고민을 가진 사장이 많다는 이야기다. 특히 사장보다 경험이나 나이가 많은 직원이라든가, 연차는 낮더라도 성과가 우수한 직원들이 바로

'질책에 반발하는 직원'들로 손꼽히고 있었다.

이런 직원과 충돌할 때는 사장도 쉽게 감정적이 되고야 만다. "무슨 소리를 하는 겁니까?", "불만이 있는 겁니까?"라며 직원의 말을 가로막아 버리기도 한다. 그러나 이래서는 안 된다. 어차피 직원은 납득하지 못할 것이기 때문이다. 그러고 나면 사장이 지시한 업무를 처리할 때도 일을 마지못해 진행하게 되니 완성도가 당연히 낮아지게 된다. 또한 사장이 그들의 말을 몇 차례 부정하게 되면 그 직원은 '말해 봤자 소용없어'라고 생각해 자신의 의견을 말하지도 떠올리지도 않게 된다. 이런 상황에서 업무 의욕이 오른다는 건 있을 수 없는 일이다.

이런 직원이 있는 경우라면 사장은 어떻게 하는 게 좋을까? 우선 직원의 의견을 일단 받아들여 보자. 가능하다면 다음과 같은 말을 가미하며 그들의 말을 들어 주는 게 좋다. "○○ 씨는 그렇게 생각하는군요", "그렇게 생각할 수도 있었겠네요" 그런 뒤에 질문하자.

"어떤 점이 납득이 안 가는지를 한마디로 말해 줄 수 있겠습니까?"

이렇게 한마디로 압축해 보게 하는 것이 핵심 포인트다. 직원으로 하여금 사장에게 정말로 이의를 제기해야 하는 사안인지 아닌지 생각할 시간을 주는 일이기 때문이다. 또한 그가 반발하며 이야기한 여러 가지 사항을 사장이 별다른 반응 없이 그대로 듣고만 만다면 그는 사장이 자신의 불만에 아주 수용적이라고 생각하고 사사건건 이의를 제기하게 될 가능성이 있다. 직원의 불만에는 일단 귀를 기울이는 게 사장이 가져야 할 기본 태도이지만 직원을 질책할 필요가 확실해서 이미 질책한 뒤라면 그의 불만을 일단 수용하기에 앞서 그가 자신이 내뱉은 불만을 반성적이고 비판적인 태도로 스스로 되돌아보고 수정할 기회를 가질 수 있도록 해 주자.

THE TONE OF THE BOSS

WHO MAKES A PROFIT

8장

입을 꾹 다문 직원,
말문 터지게 하는 방법

직원이 말하기를 꺼린다면
나쁜 사장이다

● ● ●   어떤 사장이 있었다. 그는 직원들에게 항상 이렇게 말했다. "수시로 보고하세요", "무슨 일이든 무조건 연락하세요", "언제라도 상의하러 오십시오" 하지만 직원이 사장에게 보고하러 들어가서 그다지 좋지 않은 내용을 말하면 "대체 뭘 하는 겁니까? 하여간에 도움이 안 되네요"라고 말했다.

직원이 보고를 하는데 그 내용이 쉽게 이해되지 않으면 그와 눈도 마주치지 않은 채 컴퓨터 키보드를 두들기면서 "무슨 말인지 좀 알기 쉽게 설명해 보세요! 좀 더 생각을 정리해서 다시 보고하러 오세요"라고 몰아붙였다.

아침에 심기가 불편하면 "○○ 씨는 대체 언제쯤 신규고객을 유치할 겁니까? 다른 직원들은 다들 이번 달에만 5건 이상을 해냈는데 혼자서 실적을 한 건도 못 올리고 있다니 부끄럽지도 않습니까?"라며 직원을 질책했다. 그가 어떻게 해야 신규고객을 유치해 낼 수 있을지에 대한 구체적인 조언은 전혀 해 주지 않았다.

비유하자면 공소시효 같은 게 이미 지나 버렸으니 고백한다. 이 무시무시한 사장은 바로 과거의 나다. 내가 처음으로 직원을 뒀을 무렵에 나는 실제로 저런 말들을 내뱉었다. 보고하고 연락하고 상의하라고 직원들을 닦달했지만 결국 나는 직원들을 스트레스 해소에 이용한 셈이었다. 매출이 좋지 않으면 직원들을 몰아붙여 문제를 해결하려는 최악의 사장이었다.

당시의 나에게는 좋은 내용의 보고만 들어왔다. 나쁜 내용이 담긴 보고는 전혀 들어오지 않았다. 그런데 매출은 전혀 오르지 않았다. 아니, 오히려 점점 하락했다. 나는 '좋은 보고만 들어오고 있는데 대체 왜 이러지?'라고 의아하게 생각했지만 사실은 당연한 일이었다. 좋지 않은 내용을 보고하면 혼이 나는데 누가 제대로 보고를 하려 하겠는가? 게다가 상의를 하러 가면 도움을 받기는커녕 무시당하거나 혼만 나기 일쑤이니 직원으로서는 황당했을 것이다.

이런 나쁜 사장이 의외로 많다. 연수나 세미나 등에서 내가 이 이야기를 하면 휴식 시간에 나를 찾아와 쓴웃음을 지으며 "제 이야기인 줄 알았습니다"라고 말하는 사람이 가끔 있다. 우리는 스스로를 열정적인 사람이라고 생각하지만 어쩌면 사실은 직원들의 어떤 업무 문제도 제대로 해결해 주지 않는 한낱 '갑질 사장'일 가능성이 있다.

애초에 보고, 연락, 상의의 목적은 무엇인가? 빠르고 정확한 정보 파악과 업무 진행이다.

보고, 연락, 상의가 회사에서 제대로 이루어지지 않으면 모든 업무에서 사소한 실수와 갈등이 계속 발생하고 해결되지 않은 채 그대로 누적된다. 직원들의 실적이 저하되고 고객이 타사로 대거 이동하는 등 심각한 상황이 발생할 위험이 높아진다. 사내 의사소통은 정체되고 퇴직자가 속출할 수도 있다.

사장은 대부분의 직원들보다 높은 업무 능력을 가지고 있다. 그래서 직원이 다소 허술한 결과치를 보고하거나 자신이 생각했을 때 별것도 아닌 일을 상의하러 오면 짜증이 날 수도 있을 것이다. 하지만 사장은 참아야 한다. 여러분도 갓 입사했을 때는 적지 않은 실수를 저질렀던 사람이다. 직원의 상황에 대해 생각하자. 직원과 눈높이를 맞추고 이야기를 듣자. 사장이 그런 태도를 보이면 직원들의 보고와 연락, 상의 건수가 늘어나고 그 본래의 목적대로 기능하게 될 것이다.

사장이 꼭
직원의 모든 이야기에
반응해야 할까?

• • •   직원들을 인정해 주지 않고 심하게 몰아붙이는 사장에게는 유익한 보고, 연락, 상의가 따라붙지 않는다. 앞에서 말했던 과거의 나처럼 말이다. 그런데 제대로 된 보고, 연락, 상의가 좀처럼 따라붙지 않는 또 다른 유형의 사장이 있다. 직원이 보고를 해도 아무런 대책을 세워 주지 않는 사장이다.

직원들이 그다지 중요도가 높지 않은 사소한 보고를 하거나, 회사로서는 대응할 방법이 없는 일을 상의하러 오는 경우가 있다. 그런 상황에 사장이 다음과 같이 대응하는 경우가 있다.

"그런 사소한 건 신경 쓸 필요 없습니다."

"우리 회사에서는 불가능합니다."

"그게 무리라는 건 잘 알고 있지 않나요?"

"고객한테 매번 휘둘리기나 하고, 아직 멀었네요."

사장이 이렇게 대응하면 직원들은 보고를 해 봤자 어차피 사장이 어떤 조치를 취해 주는 것도 아니고 괜히 싫은 소리만 듣게 되니 보고를 생략해도 되겠다고 생각하게 된다.

사장 A와 B의 사례를 소개하려 한다. 두 사람은 같은 분야에서 회사를 운영하며 나이도 비슷했는데 직원의 보고와 연락, 상의에 대한 대응 방식이 거의 정반대였다.

A는 평소 직원들에게 부담 없이 상의를 하러 오라고 이야기했다. 하지만 막상 직원들이 난해한 건을 상의하러 오면 다음과 같이 말할 뿐 어떤 대책도 세워 주지 않았다.

"그건 우리가 어떻게 할 수 없는 문제입니다. 그나저나 ○○ 씨의 고객들은 매번 그런 무리한 요청을 하는군요. 내가 영업을 뛰던 시절에는 내게 그런 무리한 요구를 하는 고객은 없었는데 말이죠. 아무래도 ○○ 씨가 고객에게 신뢰를 받지 못하는 것 같습니다. 고객에게 얕보이는 것 같아요."

한편 B는 직원이 대응하기 어려운 문제에 대해 상의를 요청하면 일단 외부 사람들과 논의해 보거나 어떤 절충안을 제시했다. 직원들의 문제 상황을 전부 해결해 주지는 못했지만 적어도 직원들의 모든 상의에 대응했다.

어느 날 사건이 일어났다. A의 회사에 가장 큰 매출을 올려주던 고객사로부터 다음 달까지만 거래를 하고 거래를 중단하겠다는 전화가 왔다. 경쟁사인 Z사와 거래를 시작한다고 했다. 이 고객을 잃으면 매출이 20퍼센트나 하락할 예정이었다. 당황한 A는 그 고객사를 담당하던 직원 C에게 "왜 이런 일이 일어난 겁니까? 징후가 있다면 빨리 보고를 했어야죠! 그게 ○○ 씨가 할 일 아닙니까?"라며 불같이 화를 냈다.

그러나 사실 C가 A에게 상의를 하지 않았던 게 아니었다. 두 번이나 상의를 청하며 도매가 재검토를 요청했었다. 첫 번째는 4개월 전이었다. 그때 C는 "Z사가 고객에게 저희보다 좋은 조건을 제시했다고 합니다. 도매가를 재검토해 주실 수는 없을까요?"라고 A에게 말했다. 그러나 A는 "무슨 소리를 하십니까? 고객이 가격을 깎아 달라고 해서 그걸 그대로 들어주는 사람이 어디 있나요? 영업을 직업으로 하는 사람으로서 부끄럽지도 않으십니까?"라며 한참 동안 설교를 하고 C를 돌려보냈다.

그로부터 2개월 뒤, 고객사의 담당자가 자신의 상사와 함께 찾아와서 도매가 재검토를 재차 요청했고 이에 C는 다시 한번

A를 찾아가 상의했다. 그러나 이때도 A는 "이전에도 말했지 않습니까? 절대 허용할 수 없습니다"라며 완고하게 거절했다.

그런데 사실은 비슷한 시기에 B에게도 중요 거래처가 조건 변경을 요청했다며 직원이 상의해 왔다. 이에 B는 직원과 간단히 상의한 즉시 매출 예상표를 꼼꼼히 확인해 가격 인하를 승인했다. 그 덕분에 B는 거래처를 지키는 데 성공했을 뿐만 아니라 매출을 5퍼센트나 상승시켰다.

한편 A는 그 후에도 영업사원이 다른 거래처를 경쟁사에 빼앗기는 등 몇 번의 큰 매출 하락이 이어져 결국 1년 뒤에는 회사 규모를 대폭 축소해야 했다.

사장은 직원과 신뢰 관계를 쌓아야 한다. 직원의 작은 일에도 대응해 주고, 어려운 요청에도 어떻게든 절충안을 궁리해 보고 외부와 의논해 나가는 사장은 직원들로부터 신뢰받는다. 어려운 보고, 연락, 상의의 내용이 올라오더라도 절대 함부로 일축하지 말자. 어떤 식으로든 대응해 주자. 그런 당신의 노력이 얼마나 지속되고, 얼마나 성공을 거두는지에 따라 당신은 둘 중에 하나가 되어 있을 것이다. 직원들로부터 다양한 보고, 연락, 상담을 받는 사장. 아니면, 좋은 실적에 관한 이야기만 가끔씩 보고받는 사장.

사장이 실수담을
먼저 공개하면 생기는 일은?

• • •　　직원들을 대상으로 보고와 연락, 상의에 관한 연수를
진행하다 보면 정말 많이 듣는 말이 있다. "언제 보고, 연락, 상
의를 해야 할지 모르겠습니다", "타이밍을 잡을 수가 없습니다"
말을 하고 싶은데 사장이 바빠 보이거나 심기가 불편해 보이
고, 어떻게든 기회를 봐서 사장에게 말을 걸어도 매우 심각한
표정을 짓기 때문에 이야기를 할 수가 없다고들 말한다. 직원
들로부터 보고, 연락, 상담이 제대로 올라오지 않는 이유가 실
제로 바로 여기에 있는 경우가 정말 많다.

게다가 직원 입장에서는 좋지 않은 내용을 보고해야 한다면 어느 정도는 망설이게 된다. 혼이 날 수도 있고 자신에 대한 평가가 낮아질지도 모른다고 생각하기 때문이다. 그러므로 사장이 해야 할 일은 무엇일까? 직원이 말을 꺼내기 쉬운 분위기를 의식적으로 만들어 주고 이를 관리해 나가야 한다. 이를 위한 구체적인 실천법 중 하나를 소개한다. 바로 자신의 실수담을 스스로 공개하도록 하자.

그런 의미에서 내가 직원의 위치에서 경험했던 부끄러운 일을 하나 소개하겠다. 과거에 거래처를 초청해서 개최하는 송년회의 장소를 예약하는 일을 잊어버린 적이 있었다. 원래는 9월 전에 예약을 끝내야 했는데 바쁜 나머지 깜빡하고 넘어간 것이다. 상당히 시간이 지난 뒤에 그 사실을 깨닫고 황급히 호텔에 연락해 봤지만 너무 늦어 버린 뒤였다. 호텔에 문의해 보니 원하는 연회장은 이미 가계약이 되어 있었다. 호텔 측에서는 "가예약 상태이므로 예약이 취소되면 연락드리겠습니다"라고 답변할 뿐이었다.

당시 나는 직책이 강등된 지 얼마 되지 않은 상황이었기 때문에 이 이상으로 평가가 낮아지면 안 된다는 생각에 전전긍긍했다. 그리고 이때, 잘못된 생각이 머리를 스쳐 지나갔다. '지금 가계약을 한 사람은 오랫동안 가계약 상태를 유지하고 있다는데, 그렇다면 다른 호텔을 선택할 가능성도 없지 않아. 그래서

연회장이 빈다면 사장에게 혼날 일도 없고, 실수도 발각되지 않은 채 무사히 넘어갈 수 있지 않을까?'

그러나 결과는 처참했다. 호텔로부터 가계약을 했던 사람이 정식 계약으로 변경했다는 연락이 왔다. 결국 나는 문제 상황을 인지하고 나서도 한 달 반 정도의 기간 동안 문제를 그대로 방치한 셈이었다.

다른 사람이 가계약을 해서 연회장을 이용할 수 없음을 처음 안 시점에 그 사실을 사장에게 보고했다면 다른 호텔로 장소를 변경할 수 있었을지도 모른다. 아니면 행사의 일정을 변경할 수 있었을지도 모른다. 그러나 송년회가 1개월 뒤로 다가온 시점에서 어쩔 수 없이 사장에게 보고하는 바람에 크게 혼이 났을 뿐만 아니라 회사 전체에 이 사실이 알려져 내 신용은 크게 떨어졌다. 결국 등급이 조금 낮은 호텔에서 송년회를 개최하게 되었고 이 때문에 여러 사람들로부터 불평을 들어야 했다. 물론 두려워했던 대로 평가도 더욱 낮아졌다.

나는 이 이야기를 내 직원들에게 자주 들려주었다. "혼이 날 만한 일이더라도 보고, 연락, 상담은 제때 빠르게 해야 합니다. 그대로 덮어 두고 늦게 보고할수록 문제가 커지기 때문입니다"라는 말도 늘 덧붙였다. 사장이 생각할 때는 직원들 앞에서 자신의 실수담을 늘어놓는 일이 자신의 위신을 낮추고 직원들로부터 사장을 무시할 빌미를 제공하는 일이라고 생각될 수도 있겠다. 하지만 어떤 문제 상황에 직면하거나 의사 결정을 해야 하는 상황에서 판단을 제대로 해 나가고 있는 사장이라면, 자신의 약한 부분을 스스로 드러낸 그 일 때문에 직원들에게 무시당하는 일은 없다.

보고와 연락, 상의를 제때 하지 않는 직원들이 있다면 여러분 자신의 실수담을 이야기해 주자. 그 생생한 실수의 경험을 들은 직원들은 사장이 제때 말하는 일의 중요성에 촉각을 곤두세우고 있는 사람이라는 점을 알게 될 것이다. 그리고 사장의 생생한 과거 실수를 대리경험하며 절대 자신은 그런 상황에 놓이지 말아야겠다 생각할 것이다.

직원의 부담감을 최대한 낮추면 많은 것이 달라진다

● ● ●　　사장과 직원의 관계에서 힘이 더 강한 존재는 사장이다. 직원이 사장에게 말을 거는 일에 부담을 느끼는 것은 사실 자연스러운 일이다. 그러니 사장이 아무런 노력을 들이지 않는다면 직원들이 사장에게 아무 부담 없이 편하게 말을 걸어오는 일은 일어나지 않는다.

그러면 직원들이 제때 편하게 보고하고 연락하고 상의해 오게 하기 위해서는 사장이 어떤 식으로 노력을 해야 할까? 다음의 세 가지를 실천해 보자.

1. 먼저 인사한다

인사는 직원이 먼저 하는 게 당연하다고 생각하는 사람도 있으리라 생각한다. 그러나 이런 부분에 있어서 상하관계는 생각하지 않는 편이 좋다.

인사는 생각 이상으로 중요하다. 예전에 내가 일했던 회사의 옆 회사에는 항상 웃는 얼굴로 먼저 인사해 주는 사장이 있었는데 그가 회사 안에 있든 회사 근처 어딘가에 있든 항상 직원들의 수많은 보고와 연락, 상의가 모여들었다. 당연히 사내 분위기도 매우 화목했고 매출 실적도 매년 크게 높아졌다.

2. 위로의 말을 건넨다

직원이 외부 업무를 마치고 돌아오면 짧은 말일지라도 "더워서 힘들었을 텐데 수고했습니다"라고 말을 건네자. 사무 보조 직원이 견적서를 작성해 주면 "항상 빠르게 만들어 줘서 고마워요"라고 말하자. 이런 공감과 위로의 말을 건네는 것이 아주 중요하다.

또한 회사에 있을 때도 책상에만 앉아 있지 말고 직원들의 자리를 돌아다니자. 자신의 책상에 앉은 채로 "뭔가 곤란한 일이 있으면 나에게 말하세요"라고 말해도 직원들은 사장을 찾아가는 일에 부담감을 느낀다. 그리고 사장을 자주 찾아가면 주변에서 그가 사장에게 아부를 한다고 생각할 것이 싫어 사장에게 잘 가지 않는다는 사람도 있었다. 그러니까 사장이 직접 움직여 보자. 직원들의 자리를 돌아다니며 "오늘 Z사에 갔다 왔지요? A 부장을 만났습니까? 그 양반 성격이 불같던데 별일 없었습니까? 그리고 뭔가 곤란한 일이 발생하면 언제든 말해 주세요" 같은 식으로 말을 먼저 걸도록 하자. 대화할 기회가 늘어나면 일단 직원은 사장에게 말을 하기가 편해진다. "네, 만났습니다. 그리고 사실은 의논드리고 싶은 일이 하나 있습니다"라는 말을 듣고 싶다면 사장이 말을 걸자.

3. 상의 시간을 미리 정해 놓는다

앞에서 잠시 언급했는데 직원들은 사장에게 제때 보고, 연락, 상의를 하기 어려운 이유 중 하나로 사장이 바빠 보인다는 사실을 꼽는다. 특히 사장에게 말을 하려고 시도했는데 "지금은 바쁘니까 나중에 와 주세요"라는 말을 듣거나 "요점만 좀 더 간결하게 말해 주면 안 될까요?"라는 말을 들어 본 적이 한 번이라도 있는 사람이라면 사장에게 말 걸기를 더더욱 망설일 것이 분명하다.

그래서 이 방법을 추천한다. 상의 시간을 미리 설정해 두자. 긴급한 경우를 제외하면 특정한 시간대에 보고, 연락, 상의를 하러 오도록 시간을 열어 두는 것이다. 이렇게 하면 사장도 다른 시간에는 자신의 업무에 집중할 수 있고 직원도 즉흥적으로 어떤 생각이 떠올랐다고 해서 무작정 상의를 청하는 것이 아니라 의논할 내용을 충분히 정리한 다음에 사장을 찾아오게 될 것이다.

또한 누구든 자신이 어떤 시간대에 습관적으로 심기가 불편해지는지를 어느 정도 알고 있을 것이다. 이를테면 출근 직후 조례 이전 시간대라든가 점심시간 직전의 허기진 시간대 말이다. 그런 시간대는 상의 금지 시간대로 설정해 두는 것이 좋다. 불필요한 과민 반응을 직원들에게 보이는 상황을 미연에 방지할 수 있으니 말이다.

직원이 입을 다문 순간,
직원의 말을 끌어내기까지

• • •   나는 여행사의 신입 영업사원으로 일했던 시절에 큰 실수를 저지른 적이 있다. 항공 운임을 잘못 적용한 채로 대규모 주문을 따냈던 것이다.

수주가 결정된 밤에는 모두에게 칭찬을 받으며 최고의 기분으로 축배를 들었다. 특별 표창이라도 받지 않을까 하는 생각에 들떠 있었다. 그러나 다음 날 아침, 나는 천당에서 지옥으로 굴러떨어졌다. 비행기를 수배하면서 나는 얼굴이 창백해졌다. 내가 적용했던 그 저렴한 운임은 이른 아침에 첫 비행기로 출발해 다음 날 마지막 비행기로 돌아오는 경우에만 적용되는 운임이었다. 여행사에서는 상식에 해당하는 일이었는데, 신입이었던 나는 부끄럽게도 그 상식을 알지 못했다.

그 결과 1인당 10만 원이나 적자가 나는 상황이 되어 버렸다. 200명의 단체 고객이었기에 적자 규모는 합계 2,000만 원에 이르렀다. 처음 맡은 대형 수주여서 사장이 항공편의 수배를 직접 진행해 주고 있었는데 그때 이 사실을 처음 깨닫게 되었다. 그때 사장과 나 사이에서는 다음과 같은 대화가 오갔다.

사장 "견적서 금액을 보니 새벽 출발인가 보네요. 그런가요?"

나 "그게…(식은땀으로 범벅이 되어서 말을 얼버무렸다)."

사장 "왜 그래요? 화내지 않을 테니 일단 말을 해 보세요."

나 "그게…, 11시 출발 19시 도착입니다."

사장 "뭐라고요? 그 일정은 원가가 10만 원이나 차이가 나잖아요."

나 "네…."

사장 "대체 이게 무슨 일이죠…. 이러면 적자가 2,000만 원인데…(머리를 감싸 쥐며)."

잠시 후 사장은 "잠깐 기다리세요"라고 말한 뒤 밖으로 나갔다. 다른 지점장들과 의논을 하러 간 것인지도 모른다. 그리고 10분 정도 후에 돌아와 다음과 같이 말했다.

사장 "어쩔 수 없죠. 고객에게 10만 원을 더 내야 한다고 말할 수도 없는 노릇이고요."

나 "네."

사장 "어떤 경위에서 이렇게 되었는지 설명해 줄래요?"

나 "부대조건을 확인하지 않고 견적을 작성해 버렸습니다."

사장 "그랬군요. 이미 벌어진 일이니 도리가 없네요. 2,000만 원의 적자를 만회하려면 어떻게 해야 할지에 대해 생각해 봅시다."

사장은 분명 내 실수에 화가 났을 터였다. 그러나 그는 당장 자리를 피한 뒤 생각을 정리하고 기분을 전환하고서야 자리로 돌아왔고 내가 적자를 만회하기 위한 방책을 궁리하도록 이끌어 줬다. "지금 무슨 짓을 저질렀는지 아세요? 이 무능한 사람 같으니라고!"라고 호통을 쳐도 전혀 이상하지 않았다.

그러나 그렇게 해도 해결되는 것은 하나도 없다. 나도 더욱 공황 상태에 빠져 아무것도 하지 못했을 것이다. 그런 이유로 그는 일단 나를 진정시키며 해결책을 끌어내기 시작했다.

결국 옵션 투어를 설정하고 다른 부분들에서 가격 교섭을 하는 등 각고의 노력을 통해 기적적으로 적자를 만회하는 데 성공했을 뿐만 아니라 흑자까지 낼 수 있었다.

이때 나는 직원으로부터 제때 보고와 연락, 상의를 요청받고 그가 해결책을 모색하도록 유도하려면 말을 끌어내는 능력이 필요하다는 중요한 교훈을 얻었다. 이를 위해서는 다음 세 가지 조건을 만족시켜야 한다.

1. 부담 없이 말할 수 있는 상황을 만든다

사장은 "화내지 않을 테니 일단 말을 해 보세요"라고 안심시키면서 내게 말할 것을 촉구했다. 좋지 않은 보고가 들어오는 경우 직원이 이야기를 전부 털어놓도록 이끌어 내는 것도 사장의 임무다. 직원이 대답하기 쉬운 질문을 하는 것도 중요하다.

2. 말을 가로막지 않는다

특히 좋지 않은 내용을 보고할 때면 직원은 횡설수설하기 마련이다. 이때 답답하다는 이유로 그의 말을 가로막아서는 안 된다. "그렇군요", "그래서요?"와 같이 맞장구를 치면서 직원이 이야기를 계속 이어 나가도록 부추겨 주어야 한다.

3. 상대를 부정하는 말은 사용하지 않는다

사장은 "그건 나도 알아요", "아니, 그러니까 내 말은…" 등의 부정하는 말은 전혀 사용하지 않았다. 부정하는 말을 들은 직원은 더 이상 아무 말도 하지 못할 수 있다. 자신이 실수한 것에 대해서는 이미 반성하고 있을 것이므로 그 부분을 군이 강조해 말하는 건 그 상황에서 딱히 필요한 행동도 아니다.

업무상 대화에 이걸 사용하면
업무력이 완전 상승한다

• • • 거래 물량 증가를 제안하기 위해 A사를 방문하고 돌아온 직원이 사장에게 보고를 하러 왔다.

직원 "A사에 다녀온 결과를 보고하겠습니다."

사장 "수고했습니다. 제안해 보니 느낌이 어떤가요?"

직원 "상당히 어려울 것 같습니다."

사장 "그런가요?"

직원 "분위기가 영 좋지 않다고 하더군요."

사장 "어떤 측면에서 어려운 것 같습니까?"

직원 "예산 측면에서 어려움이 있는 것 같습니다."

사장 "누가 그렇게 말했나요?"

직원 "담당자가 말했습니다만…. 아, 잠깐만 기다려 주십시오(가방 속을 뒤진다)."

사장 "…(제대로 파악을 한 다음에 보고를 하러 오면 좋을 텐데)."

직원 "아, 담당자의 상사가 말했던 것 같습니다."

사장 "예산은 어느 정도를 생각하고 있던가요?"

직원 "그게…(급히 공책을 뒤적이며). 3천만 원이 한계라고 했습니다."

사장 "다음부터는 정리를 한 다음에 보고하러 와 주십시오."

참으로 어정쩡한 보고다. 여러분의 직원들 중에도 이런 식으로 보고를 하는 사람이 있을지 모르겠다. 이런 식으로 보고를 받아서는 해결책을 모색하기 어려울 뿐 아니라 사장은 스트레스에 시달리게 된다.

이 직원의 보고에는 '누가'와 '무엇이'가 불명확했다. 예산의 측면에서 어렵다는 것도 고객사에서 실제로 한 말인지 직원의 생각인지가 명확하지 않다. 모든 것이 모호하다.

이래서는 해결책이 나올 수 없다. 이런 사태가 벌어지지 않도록 해 주는 도구가 있다. '5W2H 시트'가 그 도구다.

사장에게 보고를 하기에 앞서 고객사로부터 들은 내용을

5W2H 시트에 정리해 보았다면 직원은 중요 사항의 누락 없이 사장에게 보고를 할 수 있었을 것이다.

사장 "수고했습니다. A사에 제안한 건은 어떨 것 같습니까?"

직원 "네. 그쪽 담당자의 말로는 기획은 좋은데 금액 측면에서 어렵다고 합니다. 그래서 저는 어려울 것 같다고 느꼈습니다."

사장 "그런가요?"

직원 "그쪽 담당자의 상사가, 회사 상황이 그다지 좋지 않으니 발주 금액을 늘리지 말라고 했답니다."

사장 "그렇군요. 예산은 어느 정도를 생각하고 있던가요?"

직원 "3천만 원 정도가 최대라고 했습니다."

 이렇게 보고를 하면 누가 무슨 말을 했고 그에 대해 누가 어떤 생각을 했는지가 명확히 드러난다. 이 경우, 예산이 3천만 원이라고 했으므로 그 범위 안에서 전체 계획을 다시 작성해 본다는 대책을 강구할 수 있을 것이다.

 처음의 대화에서처럼 5W2H가 제대로 채워지지 않은 상태에서는 보고가 제대로 진행될 수 없다. 그러니 직원들로 하여금 항상 5W2H 시트를 채우는 습관을 들일 것을 권하자.

5W2H 시트 활용의 예

5W2H		항목 해설	예
When	언제, 언제까지	기한, 실시 기간, 결정 시기 등	내년 3월에 실시, 12월까지 결정
Where	어디에서	회사명, 부서 등	A 상사, 영업 제2과
Who	누가, 누구에게	결정권자, 상담 담당자 등	상담 상대는 B 과장, 결정권자는 C 부장
What	무엇을	문제점, 상품명 등	영업차 2대
Why	왜	이유	교외 지역의 고객이 증가했기 때문에
How	어떻게	방법, 어떻게 해결하고 싶은가 등	영업차를 구입함으로써 방문 건수를 증가시킨다.
How many, How much	얼마나	금액, 수량 등	예산 3천만 원

사장이 말투를 바꾸니
회사의 이익이 늘어났다!

어떤 회사의 사장이든 매일같이 바쁜 나날을 보내고 있을 것이다. 그래서 머릿속에 떠오르는 대로 직원들에게 지시를 내리게 되고, 항상 지시가 모호하게 전달된다. 그 결과 직원들은 사장이 생각하는 것과는 전혀 다른 방향으로 결과물을 내놓게 된다. 사장은 당연히 직원들이 뜻대로 움직여 주지 않는다는 생각이 들 것이다.

물론, 어떤 사장은 직원들이 왜 그런 것인지 그 요인을 직원들에게서 찾기 위해 고민하고 있을 수도 있다. '왜 이 친구는 내 말을 이해하지 못할까?', '왜 내가 말한 것과 다르게 행동할까?' 라는 생각이 들 것이다. 나도 그런 고민을 했기 때문에 충분히 그 마음을 알고 있다.

그러나 사장의 뜻대로 직원들이 움직이지 않을 때 문제가 정말 직원들에게만 있을까? 애석하게도 혹은 다행히도 그렇지 않다. 지시를 말하는 쪽에도 분명히 원인이 있다.

연수나 세미나 등에서 이런 말을 하면 "그게 무슨 말입니까? 나는 깊이 고민하고 직원들이 알기 쉽게 말해 줍니다"라고 억울함을 표현하는 사장들이 의외로 많다. 하지만 다시 생각해 보길 바란다. 사장이 생각하는 '알기 쉬움'과 직원이 생각하는 '알기 쉬움'은 다르다.

여러분이 끝까지 이 책을 읽었다면 사장과 직원의 입장이 다르다는 건 분명히 이해했으리라 생각한다. 이 책에서 여러 번 강조했듯이 사장이 직원들에게 말을 제대로 전달하기 위해서는 어떤 특별한 태도와 준비가 필요하다. 특별히 준비한다고 해도 많은 시간이 드는 건 아니다. 단 몇 분, 아니 1분이어도 상관없다. 직원들에게 지시하기 전에 지시할 내용을 정리하는 습관을 들이는 것만으로도 충분하다. 직원들에게 말을 하기에 앞서 직원의 처지가 되어 어떻게 말을 해야 상대가 오해 없이 이해해 줄 수 있을지 생각해 보자. 이런 습관이 생기면 직원들은 어느새 사장의 뜻대로 움직일 것이다.

직원이 좋은 방향으로 변하면 그것은 성과라는 형태로 사장에게 돌아온다. 그렇게 회사의 이익이 늘어날 것이다. 또한, 이익을 내는 사장의 말투를 익히고 커뮤니케이션 방법을 터득하면, 사장 자리의 즐거움은 분명 몇 배로 커질 것이다. 이 책을 통해 독자 여러분이 많은 즐거움을 얻을 수 있길 바란다.

마지막으로, 이 책을 집필하면서 많은 분의 도움을 받았다. 특히 출판사 분들에게 진심 어린 감사 인사를 전한다. 기획부터 집필, 교정까지 모든 단계에서 많은 조언을 해 주었다.

또한 거래처 여러분, 항상 응원해 주시는 여러분에게도 감사의 마음을 전한다. 이 책을 집필하는 동안 여러분의 따뜻한 성원에 큰 힘을 얻었다. 그리고 마지막까지 읽어 주신 독자 여러분에게도 고마움을 전하고 싶다.

옮긴이 김정환

건국대학교 토목공학과를 졸업하고 일본외국어전문학교 일한통번역과를 수료했다. 21세기가 시작되던 해에 우연히 서점에서 발견한 책 한 권에 흥미를 느끼고 번역의 세계에 발을 들였고 현재 번역 에이전시 엔터스코리아에서 출판기획 및 일본어 전문 번역가로 활동하고 있다.

경력이 쌓일수록 번역의 오묘함과 어려움을 느끼면서 앞선 책보다 더 나은 번역, 자신에게 부끄럽지 않은 번역을 하기 위해 항상 노력 중이다. 공대 출신의 번역가로서 논리성을 살리면서 번역에 필요한 문과적 감성을 접목하는 것이 목표다. 야구를 좋아해 한때 iMBC스포츠 (imbcsports.com)에서 일본 야구 칼럼을 연재하기도 했다.

옮긴 책으로는 《사장을 위한 회계》《수학은 어떻게 무기가 되는가》《구글을 움직이는 10가지 황금률》《1퍼센트 부자의 법칙》《이익을 내는 사장들의 12가지 특징》《사장을 위한 MBA 필독서 50》《일을 잘 맡긴다는 것》 등이 있다.

이익을 내는 사장은 말투가 다르다

초판 1쇄 발행 2020년 12월 14일
지은이 요시다 유키히로
펴낸이 정덕식, 김재현
펴낸곳 (주)센시오

출판등록 2009년 10월 14일 제300-2009-126호
주소 서울특별시 마포구 성암로 189, 1711호
전화 02-734-0981
팩스 02-333-0081
메일 sensio0981@gmail.com

기획·편집 이미순, 심보경
외부편집 한아정
마케팅 허성권, 서혜경
경영지원 김미라
디자인 Design IF

ISBN 979-11-90356-91-6 03320

소중한 원고를 기다립니다. sensio0981@gmail.com